MW00478136

Florence Aubenas est grand reporter pour *Le Monde*, après l'avoir été pour *Libération* (de 1986 à 2006), puis *Le Nouvel Observateur* (de 2006 à 2012). Elle a publié notamment *La Méprise. L'affaire d'Outreau* (2005) et *Le Quai de Ouistreham* (2010), qui a rencontré un immense succès, en France et à l'étranger.

Après-guerre(s)
Années 90, chaos et fragiles espoirs
(en collaboration)
Autrement, 2001

Résister, c'est créer
(avec Miguel Benasayag)
La Découverte, 2002 et 2008

La Méprise
L'affaire d'Outreau
Seuil, 2005
et « Points », n° P2499

La Fabrication de l'information
Les journalistes et l'idéologie de la communication
(avec Miguel Benasayag)
La Découverte, 2007

Grand reporter
Petite conférence sur le journalisme
Bayard, 2009

Le Quai de Ouistreham
Éditions de l'Olivier, 2010
et « Points », n° P2679

Florence Aubenas

EN FRANCE

Éditions de l'Olivier

Les reportages réunis dans le présent ouvrage ont paru dans *Le Monde*,
entre 2012 et 2014.

TEXTE INTÉGRAL

ISBN 978-2-7578-5574-4
(ISBN 978-2-8236-0775-8, 1re publication)

© Éditions de l'Olivier, 2014

Avant-propos

Les lecteurs se demandent souvent comment un journaliste choisit ses sujets. C'est une question qui revient sans cesse : pourquoi cette histoire et pas une autre ? Pourquoi ce village-là ? Pourquoi cette usine ? Et pourquoi cet homme ? Les explications ne manquent pas. On se rend à cet endroit-là parce qu'un événement s'y est déroulé, incendie ou élection, meurtre ou mariage, peu importe, quelque chose.

Ça paraît simple, non ?

Écrits et publiés dans *Le Monde*, où je suis reporter, les textes rassemblés dans ce livre ont en commun d'être nés dans cette zone d'opacité-là, entre des questions et des réponses qui ne coïncident pas.

Un jour, j'avais rendez-vous du côté de Lyon, pour l'interview d'un syndicaliste. Dans ce cas-là – comme dans presque tous, à vrai dire – il faut prendre le train du matin, si possible le premier, celui qui part très tôt, à l'heure des femmes de ménage et des perquisitions de police. À bord, on se ressemble tous : chacun dort droit sur son siège, s'efforçant de garder quelque dignité dans le sommeil pour éviter que la tête ne chavire sur l'épaule du voisin. Il faut aussi que le billet de train soit à portée de main, nécessitant juste le temps de le dégainer puis de le ranger lorsque le contrôleur viendra, avec l'espoir de pouvoir rester blotti dans ce qui reste de la nuit, sans se réveiller tout à fait. Bref, nous ne sommes pas des voyageurs, mais des « déplacements professionnels », selon l'expression de certains agents des chemins de fer.

Le convoi ralentit. On se dresse tous, tentant de rassembler nos idées aussi vite qu'on a défroissé la veste et vérifié que l'essentiel est toujours à sa place, le portable, l'ordinateur, le portefeuille, ou les trois à la fois. Au moment où le train entre en gare, il y a toujours quelqu'un pour engouffrer un chewing-gum qui sent fortement le dentifrice. Derrière moi, deux techniciens résument avec hardiesse le sentiment général : « C'est le moment de plonger, comme une frite dans la bassine d'huile bouillante. » Les portières s'ouvrent, chacun s'efforce d'avoir l'air d'attaque. Dans le hall, tout le monde se retourne sur un jeune homme qui attend derrière une pancarte avec le nom de son visiteur : « monsieur Hollande ». Mon syndicaliste est là aussi, un petit type calme accompagné de sa fille. Elle est étonnante, quelques dents couronnées d'or, des tatouages plein les bras.

Au café de la gare, quand sa fille se lève pour téléphoner, le syndicaliste se confie : « J'espère que ça ne vous gêne pas qu'elle soit là. Il faut qu'on la surveille. » Puis plus bas : « Ma femme pense qu'elle a des problèmes. » Pendant ce temps, le jeune homme à la pancarte serre la main d'un gros à moustache se présentant comme « monsieur Hollande, l'autre ». Je lui demande son numéro de portable, à la volée, on ne sait jamais. Une fois l'interview du syndicaliste terminée, je pars finalement avec sa fille : on monte dans le tram, direction un jardin public. On y reste l'après-midi, en compagnie de ses copines. Puis on revient un deuxième jour. Le troisième, toujours à traîner dans le même parc, la fille du syndicaliste finit par m'annoncer qu'elle a « un contrat dans un hôtel avec des michetons. Mon père n'est pas au courant ». L'une des filles se demande s'il faut y aller. Pourquoi ici ? Pourquoi la fille du syndicaliste ? Moi non plus je n'arrive pas à me l'expliquer tout à fait, mais j'y suis.

« Vous n'en avez pas marre de faire les chiens écrasés ? » me demande dans le train du retour mon compagnon de banquette, un autre « déplacement professionnel » comme moi. À son regard, je vois qu'il compatit. Il se trouve que la plupart des « chiens écrasés » que je rencontre sont en fait des « humains écrasés » et que j'ai hâte de prendre le prochain train, très tôt le matin. Alors mon voisin me regarde. Il demande : « Et pourquoi pas moi ? »

Je n'ai pas beaucoup d'idées, en tout cas pas régulièrement. Je n'ai pas énormément d'imagination non plus. Je rechigne encore davantage à théoriser, et c'est souvent un fiasco. Bref, tout me désignait pour devenir reporter.

À force de quais de gare et de pourquoi, les textes choisis pour ce livre ont un autre point commun : ils finissent par dessiner, en pointillé, un territoire, ou plutôt un pays. La France. On croit connaître cet endroit qu'on appelle « chez soi ». En réalité, c'est dans ce paysage familier que commence le mystère.

I
En campagne

« C'est pas ça, la vie »
18 avril 2012

Cela se passe pendant l'année de l'élection présidentielle, pas celle-là, la précédente, en 2007. On est à l'automne, au moment où, dans les fermes et les maisons de la Creuse, on remplit les cuves de fuel en prévision des grands froids. À Guéret, les agents de la Caisse d'allocations familiales (CAF) voient alors arriver des gens qui ne venaient jamais dans leurs bureaux : des retraités avec des pensions de quelques centaines d'euros à peine, mais qui en vivaient silencieusement depuis toujours et se seraient étonnés d'être considérés comme pauvres. Cette année-là, ils poussent la porte de la CAF, gauches, effarés d'avoir à demander quelque allocation, se présentant tous par la même phrase : *« Pour la première fois, je n'ai plus les moyens de faire rentrer le fuel. »* Chargé de la gestion à l'agence, Patrick Perrichon se souvient en avoir discuté avec ses collègues : *« On voyait que quelque chose était en train de se passer. Mais quoi ? »* Six mois plus tard éclatait la crise économique. La CAF de Guéret, préfecture de la Creuse, est la plus petite de France : 15 salariés, 17 000 allocataires. Un tiers d'entre eux vit aujourd'hui sous le seuil de pauvreté. Ici comme ailleurs, cette branche de la Sécurité sociale, chargée de verser les prestations familiales ou sociales (dont le revenu de solidarité active,

13

RSA), est le premier maillon qui relie les Français à l'État. Ou le dernier.

Retour en 2012, juste avant le nouveau scrutin : à la CAF de Guéret, dans le bureau d'Émilienne, il y a Pierrot, cheveux noirs sur le front, blouson de cuir et sourire du joli garçon accoudé au baby-foot. Il vient vérifier le montant de ses allocations, ce qui consiste ici à dévider sa vie. Pierrot est éboueur, 1 100 euros par mois ; sa femme enchaîne des petits boulots. Leur fille va fêter ses 3 ans et la nouvelle sonne comme une catastrophe : l'allocation « jeune enfant » s'arrête (182 euros). *« On ne va plus y arriver »*, annonce Pierrot. Il faudra lâcher l'appartement au village, revenir s'installer chez sa mère. Pierrot parle tout seul : *« Et si on arrêtait aussi la nounou ? Et si on vendait la voiture ? »*

De toute façon, tout est compté, ils ne bougent plus ou presque, s'autorisant de moins en moins l'hypermarché et plus jamais la sortie au lac de Courtille, le dimanche après-midi. *« Et si on ne travaillait plus ? Et si on vivait des aides ? Des gens font ça, non ? »* Pierrot n'est pas en colère. Il ne jette pas ses phrases, rage aux lèvres, pour annoncer un vote Front national parce que, décidément, trop de gens profitent du système, surtout les étrangers – terme qui désigne ici les Anglais, un temps considérés comme les vampires de la Creuse, achetant nos châteaux et vivant de nos allocs. Non, Pierrot sourit. Il raconte ce monde où les voitures s'arrêtent parce qu'on n'a plus de quoi mettre de l'essence. *« On travaille, on fait tout ce qu'il faut et on se voit tomber. C'est pas ça, la vie. »* Il regarde par la fenêtre les toits de Guéret dans le vert tendre des prés. Puis, à Émilienne derrière son ordinateur, il demande : *« Et vous, vous savez pour qui voter ? »*

Patrick Perrichon, à la gestion, tempère. *« Cette année, beaucoup de jeunes viennent nous dire la même chose : et si on arrêtait de travailler ? Ils se sentent à la limite, ils ne le font pas, heureusement.* » Pourtant, ses collègues et lui se posent la même question qu'en 2007, avant la crise : « *Quelque chose est en train de se passer. Mais quoi ?* »

Il est 7 h 30, à la CAF toujours, mais à Grenoble cette fois, dans l'Isère. Vu d'ici, Guéret paraît loin, à l'opposé même : Grenoble est une grosse agence urbaine (850 salariés, 216 000 allocataires). L'accueil n'ouvre que dans une heure, mais des personnes commencent à affluer. Ce matin, ce sont deux sœurs blondes, avec le même chignon en pelote posé haut sur la tête, qui sont arrivées les premières. Cela fait des jours que des agents, notamment de la CGT, envoient des SOS : les bureaux sont débordés, ils n'y arrivent plus.

En attendant l'ouverture, on se met à parler présidentielle, presque malgré soi. « *Hier soir, j'ai dit à mon mari : "Éteins-moi cette télé, il y a encore les élections"* », explique une sœur à chignon. Et l'autre : « *Nous, en ce moment, on ne l'allume plus du tout, sauf quand on a des invités, bien sûr. Sinon, ça fait trop triste.* » Avant, elles voulaient être coiffeuses. Puis vendeuses. Puis femmes de ménage. Maintenant, elles disent qu'elles seront ce qu'on veut, « *c'est-à-dire rien pour l'instant* », précise l'une, sans fâcherie. Aucune n'a le souvenir d'un fait ou geste de la campagne électorale. À vrai dire, personne n'en a retenu une seule réplique dans la file d'attente ce jour-là. « *Pourtant j'ai bonne mémoire*, s'étonne lui-même un boulanger devenu déménageur. *Je pourrais vous réciter la recette que j'ai vue sur Cuisine-TV.* »

La dernière fois, il avait voté Ségolène Royal. Il le regrette. « *J'aime gagner*, il dit. *Je suis un battant.* » Une femme annonce qu'elle a choisi Chirac. Quand un Turc derrière elle dans la queue lui révèle qu'il ne se présente pas, elle encaisse rudement le choc. « *De*

15

toute façon, les politiques ne font que s'envoyer des gros mots entre eux, reprend une sœur à chignon. *Avant, au moins, c'est nous qui les engueulions, ça défoulait. Mais même les insultes, ils nous les ont piquées.* » Un soleil pâle flotte dans un ciel pâle, les montagnes paraissent très près, juste au bout du parking.

À 8 h 30, un vigile ouvre les portes de la CAF avec une bonne humeur désarmante et pour 1 100 euros par mois. Il complète avec un deuxième boulot le week-end : nettoyer les hôtels des stations de ski. Le patron vient le chercher en camionnette à 5 heures du matin et le ramène le soir. 68 euros. Le vigile a bien observé chaque candidat à l'élection. Il reste perplexe : « *Je n'arrive pas à m'identifier à l'un d'eux.* »

Le nouveau cahier des charges impose que l'attente n'excède pas vingt minutes : elle culmine parfois à deux heures, ici comme dans les grands centres, le Nord ou Clermont-Ferrand. À Saint-Denis, dans le 93, il faut quatre heures pour atteindre l'accueil. Il y a toujours plus de crise économique, toujours plus de mesures et de législation, toujours moins de personnel : ici, comme dans l'ensemble des services de l'État, seul un départ à la retraite sur deux est remplacé, les congés maternité ne le sont plus du tout.

Une dame avec une poussette déplie son relevé de compte pour prouver qu'elle n'a plus rien : ses allocations n'ont pas été versées. « *Un dossier met deux mois à être traité en ce moment* », répond l'agent. Seize mille attendent dans les Bouches-du-Rhône.

En 2010, Jean-Louis Deroussen, président du conseil d'administration de la Caisse nationale des allocations familiales (la CNAF, qui regroupe les CAF locales), s'était alarmé d'une possible « *implosion* ». « *En poussant un coup de gueule, il croyait décrocher des effectifs, comme ça se faisait habituellement* », raconte un

16

cadre de la caisse. Il a réussi à gratter quelques CDD, pas plus. C'est alors que tout le monde a compris que l'époque avait changé : « *La crise ne touche pas seulement les allocataires, mais nous aussi*, reprend le cadre. *Désormais, il faut faire avec ce qu'on a.* »

Aujourd'hui, certaines caisses doivent fermer ponctuellement pour écluser les retards. Partout, les services de travailleurs sociaux se réduisent. Ici, une photocopieuse s'arrête, parce que le contrat d'entretien n'a pas été payé. Des rumeurs de restructuration circulent, des fonctions valsent. Comme à la Poste ou à ERDF, les arrêts-maladie et les dépressions augmentent, surtout dans les grands centres. Une enquête interne menée en 2011 sur l'ensemble de la Sécurité sociale relève que 5 % des salariés ont pu avoir « *des pensées mortifères ou suicidaires* ».

En ces temps d'élections, reconnaître un manque de moyens reviendrait de fait à s'engager dans la campagne. Jean-Louis Deroussen s'est fait silencieux et prudent, mettant en avant de réelles réussites, comme la décentralisation de la plate-forme téléphonique de Paris à Guéret.

Plus haut que Grenoble, vers Lyon, Vienne est une ville coquette de 30 000 habitants. À la CAF locale, des allocataires apportent des chocolats à Noël et quelques-uns refusent de toucher le complément RSA, par crainte des voisins. Tout le monde se connaît, y compris les SDF, toujours les mêmes sur le même banc, et personne n'imagine se retrouver, un jour, assis à leurs côtés.

Aujourd'hui, c'est Ben qui arrive au guichet. Couvreur-zingueur, la chemise d'une blancheur de lessive, 2 200 euros par mois jusqu'à l'année dernière. Clara, la femme de sa vie, était fière de le présenter à ses parents. Ils ont eu trois enfants et aussi une ambition : ouvrir un local de restauration rapide. C'était l'idée de Clara, « *qui a toujours eu une certaine classe »*. Il y a un an, les chantiers ralentissent, Ben ne trouve plus d'embauche. Clara finit par lui demander de partir, gentiment.

Pour parler de sa vie maintenant, de sa voiture qu'il ne fait plus rouler depuis qu'il dort dedans, de ce sentiment de n'être plus un homme, Ben a un mot : *« Le gouffre. »* Parfois, il s'assoit au volant, fait tourner le moteur et allume l'autoradio. Alors, il se sent en sécurité. Il se dit qu'il n'est pas à plaindre, que le système social français est le meilleur du monde, il a entendu ça quelque part et le répète avec confiance. Il se met à espérer qu'on va parler football aux informations. Et puis non, c'est encore la voix d'un homme politique, qu'il arrive mal à distinguer des autres. *« Pourvu que les gens ne se révoltent pas*, pense Ben. *Je pourrais tout perdre. »*

La femme en face de lui, à l'accueil, ce jour-là, s'appelle Jeanne. Elle doit aller vite, tenir les cadences, *« dégager »* les gens, c'est le terme officiel. Entre elle et les allocataires de l'autre côté du guichet, il n'y a parfois presque rien : Jeanne a 52 ans, divorcée, une fille, 1 300 euros net. Ça fait un moment que les chèques-restaurant servent surtout à remplir le frigo et qu'elle oublie de partir en vacances. *« C'est la fibre sociale qui me fait tenir »*, dit-elle. Ici, on est dans « l'État d'en bas », comme on a pu dire la « France d'en bas ». En 2009, quand le RSA a été lancé, cela avait été une des surprises à la direction de la CNAF : des salariés de la caisse se sont retrouvés bénéficiaires d'un complément des minima sociaux.

À la CAF de Guéret, Émilienne et sa collègue Martine regardent Pierrot s'en aller avec son blouson de cuir. Martine se souvient de la naissance de son fils, quand, elle aussi, elle s'est dit : *« Et si j'arrêtais tout ? »*

« On doit toujours justifier qu'on est normal »
2 mai 2012

La lettre est parue dans *Midi libre*, le 25 avril, juste après le premier tour de la présidentielle. Sous le titre « Paisible », elle raconte qu'on vote Front national au paradis. *« Mon village de 2 200 habitants ne connaît pas de fermeture d'usine »*, y écrit un certain C.V. *« Viticulture florissante, production de fruits et légumes, élevage de taureaux [...] »* Le FN vient d'y dépasser 30 %. *« Pendant combien de temps considérera-t-on les électeurs du Front national comme des débiles ? J'en connais qui ont voté Marine Le Pen parce qu'aucune de leurs attentes n'a été entendue. [...] Des petites frappes pourrissent la vie de citoyens. »*

En vrai, « Paisible » s'appelle Aubord, commune du Gard, et on peut y arriver par Saint-Gilles, 16 km au sud, célèbre pour avoir été la première ville moyenne à élire un maire FN, en 1989. Le parti a toujours enregistré, il faut dire, de gros scores dans ces coins-là et, depuis le 22 avril, le Gard détient aussi un record : c'est le seul département où Marine Le Pen passe devant le PS et l'UMP, avec 25,51 %.

À Saint-Gilles, donc, des élus socialistes sont justement en train de mener campagne pour le deuxième tour et, quand leur petite délégation remonte la rue principale, on dirait un frisson qui court le long d'une échine. On se bouscule pour leur parler, on s'excite, on fait cercle. Mais ce ne sont pas leurs sympathisants – pourtant majoritaires ici, puisque la mairie est PS – qui se poussent autour d'eux : ce sont surtout des électeurs FN, électrisés d'en parler. *« Moi, je le vote depuis 1986 »*, triomphe Gil Bocassini, fonctionnaire, sur le ton faussement modeste de ceux qui ont senti le coup avant les autres. Christian, un restaurateur (il souhaite comme d'autres rester anonyme), assure que ça fait vingt-cinq ans qu'il dénonce *« l'insécurité dans le quartier chaud de la ville, les abus de l'immigration, la paresse qui rapporte plus que le travail »*. Une jeune dame proteste : *« Quand on vote FN, on doit toujours justifier qu'on est normal. On est comme les autres, on veut être respecté. »*

Devant le bar Le Français, le ton monte d'un coup quand Alex Quinto, plombier de 27 ans, se met à crier aux élus PS : *« Vous défendez les ratons ! »* Sa famille est pied-noire, mais *« ils m'ont laissé me faire ma propre opinion »*, explique-t-il. C'est chose faite depuis que *« des Marocains ont dragué mon ex-copine devant une pizzeria. Les gendarmes sont arrivés. Qui ils ont pris ? Moi, pas les Marocains »*. Maintenant, *« je suis un facho et voilà tout »*, conclut Alex Quinto. Le patron du Français refuse de laisser les élus entrer : *« Pas de politique ici. »*

On peut aussi arriver à Aubord par Vauvert, à travers la Petite-Camargue, des villages isolés entre les rizières et les chevaux, un pays de boulots durs et peu payés. *« À mon époque, on prenait les jeunes de 15 ans pour la récolte des fruits. Ça nous donnait le goût au travail, on était tous ensemble »*, dit Nathalie, agricultrice, 50 ans. *« Maintenant, ce n'est plus permis, nos jeunes sont devant la télé pendant que des étudiants chinois ou des Polonais ramassent les abricots. »* Nathalie est assise à la permanence électorale du FN à Vauvert, où l'avocat Gilbert Collard lance déjà sa campagne pour les législatives. Parmi la quinzaine de sympathisants présents, chacun a ses *« raisons »*, comme ils disent, le gazole devenu trop cher pour les pêcheurs, le sel importé de Tunisie alors que les Salines du Midi sont à 5 km, les points qui valsent sur le permis de conduire, les droits de succession, les nectarines que l'Espagne produit moins cher, avec un salaire horaire à 6,50 euros. Sylvain, armurier, tempête contre *« les règlements de la chasse aux canards décidés par des gens qui n'ont jamais vu de canards »*. Sa femme Fifi, ex-mannequin au Sénégal, sait que tout Vauvert la montre du doigt depuis qu'elle fréquente le FN. *« Je m'en fiche »*, dit-elle. L'ambiance n'est ni hostile ni fâchée. Plutôt pleine d'espoir : Marine Le Pen va tout arranger, les canards et les nectarines, *« parce qu'elle va faire sauter le carcan »*, annonce Jean-Louis. *« On reviendra à la vie d'avant, c'est ce que veut tout le monde. »* Mais si c'était le cas, pourquoi n'y aurait-il finalement « que » 17 % de suffrages nationaux en sa faveur ? *« Cela m'étonne moi aussi »*, dit Alexandre, 37 ans. *« Les gens ne sont pas encore assez dans la merde. »*

Voilà Aubord. Place de la mairie, on le confirme : ici, on est bien au paradis. Tout le monde a un boulot. Il y a un dentiste et un podologue. On peut aller à Nîmes en bus. Aucun visiteur ne s'arrête, tant mieux, parce qu'il n'y a pas de centre commercial. Même l'eau est mieux qu'ailleurs, pas meilleure mais moins chère. Il ne manque qu'une chose : un distributeur de billets. Comme chacun se connaît, C.V., l'auteur de la lettre au « Midi Libre », est identifié sans peine :

c'est Christian Vezon, qui a une villa avec piscine au hameau. Un policier à la retraite. *« Ce sont les petits trucs de la vie qui font voter FN, pas les grandes théories. Quand une voiture descend la rue, sono à fond, trois fois de suite, je regarde les gens et j'en vois au moins dix qui passent du côté Front national. »* Il affirme que ce n'est pas son cas. Lui-même est un ancien électeur socialiste, passé au MoDem, mais *« je suis comme tout le monde, déboussolé. Si je n'avais pas cette maison et ma famille, je partirais dans un autre pays »*.

Avec l'association AC-Le Feu, bien loin de Bastille
8 mai 2012

Zulika n'ira pas à la Bastille pour l'annonce des résultats de l'élection présidentielle. *« Est-ce que les gens là-bas nous considèrent comme eux ? Non. Ils vous font ressentir qu'on n'est pas des leurs. Nous, on préfère rester ici. »*

Ici, c'est deux tentes blanches à Clichy-sous-Bois (Seine-Saint-Denis), où l'association AC-Le Feu, créée après les émeutes de 2005, a organisé une soirée électorale. Farida, qui travaille comme consultante, explique que, *« du temps de Mitterrand, oui, on voulait fêter ça tous ensemble. Maintenant, on s'est endurcis, on s'est habitués à rester entre nous »*. La Bastille ? Omar, animateur de 23 ans, a beau réfléchir, le lieu ne lui évoque rien, ni histoire ni symbole. *« Pour moi, la Bastille, c'est la FNAC »*, risque Maxime. *« C'est loin, non ?* continue Jo. *Au moins une heure et demie ? »* Il n'y est jamais allé.

Et puis d'un coup, la centaine d'invités se met à applaudir, à crier : *« Vive la République, vive la France ! »* La télévision vient d'annoncer la victoire de François Hollande. On ne pleure pas, mais ça secoue. Tout le monde se jette dans les bras de tout le monde.

Zouhair Ech-Chetouani ne pourrait pas dire s'il est content, mais soulagé, sûrement : *« Sarkozy, c'était devenu l'angoisse, la division entre les gens.* » Lui se range dans la catégorie des « *mecs déçus* ». Il se souvient de 1981, il était un tout petit garçon le jour de l'élection de François Mitterrand. Sa famille était si heureuse qu'il était persuadé de se réveiller le lendemain dans un monde absolument différent.

Plus tard, lui aussi avait voulu faire de la politique, à Asnières (Hauts-de-Seine), sa ville. Il raconte les élus locaux de gauche qui disaient : « *Je te mettrais volontiers en bonne place sur ma liste mais, tu sais, les Français sont racistes. Il vaut mieux que je passe devant toi. Pour te protéger, évidemment.* »

Puis, il y avait eu l'arrivée de la droite, d'autres promesses, d'autres désenchantements, dit Zouhair. Juré, c'était fini, on ne l'y reprendrait plus. Et, pourtant, à chaque fois, il y retourne, c'est plus fort que lui. Il a fait la campagne des cantonales, en 2011, en indépendant. Avec plusieurs associations, il a lancé voilà deux jours l'appel à se mobiliser dans les cités contre l'abstention au second tour. Et, là, il est en train d'embrasser Tarek sous la tente de l'association.

Plus bas, dans la rue, des jeunes gens bloquent le rond-point en chantant. Le temps de descendre, cinq voitures de police ont tout dégagé et aligné des garçons, mains en l'air, contre un mur. À la télévision, le discours de M. Hollande vient de commencer. Et Zouhair, pensif : « *On est dans la merde.* »

« Je ne comprends pas ce qui se passe »
15 juin 2012

Au rond-point à la sortie de la ville, le café est déjà fermé, mais Rachida remarque des rais de lumière derrière les stores baissés, laissant deviner une salle comble, comme si une réunion se tenait à l'abri des regards. Plus tôt dans la journée, elle avait déjà aperçu deux ou trois drapeaux français, déployés sur des voitures garées devant ce joli petit lac, où les familles aiment pique-niquer, près de l'hypermarché. Pendant qu'elle roule vers chez elle, Rachida se demande si elle n'est pas en train de se monter la tête avec des riens sans importance. Aurait-elle seulement relevé tout ça, un autre jour que celui-ci ? On est dimanche 10 juin à Hénin-Beaumont, dans le bassin minier du Pas-de-Calais, au premier tour des législatives où se présente – entre autres – Marine Le Pen, la patronne du Front national. Et Rachida trouve l'ambiance étrange, elle ne peut pas s'en empêcher, sans trop savoir pourquoi.

Le crépuscule s'étire dans un ciel de pluie. Rachida vient de rentrer dans une de ces villas blanches bordées de massifs et de pelouses au milieu du quartier résidentiel du Bord des eaux, baptisé « la banlieue huppée » d'Hénin-Beaumont par les villages miniers des alentours, tout en briques rouges, serrés le long du canal. La table est dressée avec attention, il y a son mari, ses enfants, quelques amis aussi. Tous ont des boulots solides, les hommes comme les femmes, Mohamed à la tête d'un cabinet d'assurances, Nacéra, qui est professeure ou Said, ingénieur. Les enfants font du théâtre, fréquentent les clubs de sport. La conversation est enlevée, joyeuse, un dîner classique dans une famille française, on parle de tout et de rien, de la petite coiffeuse du centre-ville aux brushings irremplaçables ou du fils de Rachida qui veut être cuisinier. Elle le rabroue gentiment : *« Tu dois avoir plus d'ambition, regarde ta sœur qui veut être avocate. »* La télé est allumée dans le salon, l'un ou l'autre se lève parfois pour voir où en est le score des élections. *« Il y a une drôle d'atmosphère, vous ne trouvez pas ? »* demande à son tour une amie.

Farid, un autre voisin, près du lac, a mis un certain temps à réaliser que l'« Arabe » d'Hénin-Beaumont, montré du doigt pendant toute la campagne, désigné dans les tracts du FN et dont chacun commente depuis des années la *« dangerosité »*, c'est lui aussi. Il s'est regardé dans la salle de bains, lunettes d'écaille, raie sur le côté, les rides précoces du type qui travaille tard. Il a dit à sa femme en pointant sa propre image dans le miroir : *« Tu crois que je vais finir par avoir peur de ce bougnoule en face de moi ? »* Ils ont ri et pensé à leur vie dont il n'y a pas grand-chose à dire et tant mieux, une vie rangée et invisible comme celle des gens à l'aise. Brusquement, ils ont eu l'impression que toute cette quiétude venait d'être balancée sur la place publique, exposée. *« Je ne m'étais jamais posé de questions : je me sens français, c'est tout*, dit Farid. *Ou plutôt je me sentais français. »*

Leurs parents venaient de la mine, comme tout le monde ici. L'école était à un bout des corons, le puits de mine à l'autre, l'hôpital au milieu. Déjà, à l'époque, *« les houillères vivaient de l'immigration »*, explique Jean-François Larosière, professeur à la retraite et militant syndical. *« On comptait peut-être trois ou quatre élèves maghrébins par classe contre une douzaine d'enfants "polonais". »* Les mines fournissaient tout, même travail, même toit, même identité. Et à la question « d'où viens-tu ? », il n'y avait qu'une seule réponse qui vaille : annoncer le numéro de la fosse où chacun s'enfonçait au petit jour, avec sa lampe et son casque.

Au milieu des villages miniers, Hénin-Beaumont, 25 000 habitants aujourd'hui, était la belle ville du canton, trois cinémas, autant de lycées, des cafés et des dancings réputés, le plus grand Auchan d'Europe qui vient de fêter ses quarante ans. Hafid, cadre à Pôle emploi, raconte comment les copains venaient à Mobylette draguer *« les plus belles filles du coin »*. La nostalgie a sans doute embelli le passé, fait oublier, par exemple, que les mineurs algériens étaient désignés par des numéros, pas par leur nom. Il n'empêche. Les belles filles d'Hénin-Beaumont s'intéressaient à la couleur des chemises davantage qu'à celle des peaux, elles voulaient des gars en imprimés à fleurs avec des cheveux longs, et tout le reste était littérature. Mariage mixte, quartier mélangé, même la langue se fabriquait ensemble : Aicha, Yamina ou Souad, toutes parlent le patois ch'ti, lançant des mots polonais ou italiens dans le sabir des corons, tissé de maison en maison.

À quel moment le temps s'est-il mis à marcher à l'envers ? Quand a-t-on commencé à entendre claquer le mot « Arabe » comme un reproche, à relever qui l'était et qui ne l'était pas, autrement que pour blaguer ou pour les matchs de foot ? Il y a quelques années, Mustapha a eu le cœur brisé quand son fils lui a appris qu'une boîte de nuit, près de Béthune, lui avait refusé l'entrée. Le gamin a lancé à son père : « *Votre jeunesse était plus belle que la nôtre.* » Mustapha n'a rien voulu dire, ni à lui ni même à Marie-Pierre, sa femme. Mustapha fréquente la mosquée d'Hénin-Beaumont, se sent « *français, complètement* ». Il s'enflamme : « *J'en suis fier. Je n'ai jamais connu le racisme.* » Puis sa verve retombe, d'un coup. « *Je ne comprends pas ce qui se passe, on est si bien ici. On est perdus.* »

Aicha raconte un peu la même histoire au sujet de son garçon, qui a intégré Saint-Cyr. Au passage, elle ne peut s'empêcher d'en bégayer de fierté, avant de revenir à ce qui l'occupe. Donc, les camarades de promotion de son fils lui ont demandé où se trouvait son HLM. Aicha se fâche : « *Une tête comme la sienne, ça déclenche des préjugés, automatiquement.* » Des anecdotes comme ça, tout le monde pourrait en raconter. « *Quand les gens désignent les étrangers, ce n'est pas de nous dont ils parlent, mais d'êtres imaginaires qu'ils aperçoivent à la télé et qui leur font peur. Les médias nous ont rendus paranos.* »

À la mairie d'Hénin-Beaumont, des appels téléphoniques demandent régulièrement : « *Pouvez-vous me passer madame le maire, Marine Le Pen ?* » En réalité, le FN a échoué de peu aux municipales de 2008, qui ont tourné en faveur d'un socialiste (poursuivi depuis par la justice). Dans l'opinion publique, la ville est pourtant celle de Marine Le Pen. Tout habitant, quel que soit son choix politique, se voit d'ailleurs répondre la même chose dès qu'il annonce venir d'Hénin-Beaumont : « *Dites donc, les Arabes ont chaud aux fesses, chez vous, non ?* » Cette année, des petites phrases ont même commencé à circuler en ville, où le chômage frôle les 16 % (chiffres INSEE, 2011).

La famille de Mériem, qui voulait faire construire, s'est vu conseiller par une commerçante compatissante : « *Dépêchez-vous, si Marine Le Pen passe, les gens comme vous n'auront plus rien du tout.* » Chez les Zaouch, famille de commerçants sans histoires, les anciens ont commencé à s'effrayer. « *Vous allez devoir partir* », dit le vieux père aux grands enfants. Eux rigolent. « *On a les mêmes droits, on est français*, dit Nassim. *Ça fait mal quand même.* »

C'est peu dire pourtant que Katir Ziouche a été accueilli en triomphe quand il s'est présenté en 2001 sur la liste du maire communiste d'Auby, juste à côté d'Hénin-Beaumont. Il ressemble alors à l'élu dont toute commune rêverait : 28 ans, un garçon brillant, déjà docteur en électronique, bientôt maître de conférences à l'université de Lille. Avec ça, il a gardé une modestie de rosière, affiche une éducation parfaite et une beauté d'enfant modèle, aux grands yeux bleu foncé qui plaisent aux mères autant qu'aux filles. Katir Ziouche ne boit pas d'alcool, jamais. Les premiers à lui avoir fait des remarques sont certains de ses collègues au conseil municipal. Quand il se met à parler viande halal lors d'un débat, le petit prince devient un autre, un étranger. « *Avant de faire de la politique, je ne m'étais jamais senti aussi différent*, dit-il. *C'est là qu'il ne faut pas se tromper, savoir prendre le tournant, s'affirmer, expliquer, mais ne pas se fâcher.* » Aujourd'hui, Katir Ziouche est devenu premier adjoint d'Auby, la plus belle réussite en politique des enfants de mineurs algériens.

De son côté, le maire d'Auby, Freddy Kaczmarek, voudrait aussi raconter quelque chose. Il n'ose pas. Hésite. Se trouble. « *Je ne sais pas si je peux le dire.* » Il finit par se lancer : « *Moi, le PC m'a traité de fou quand j'ai mis trois noms à consonance du Maghreb sur ma liste et donné le feu vert à la construction de la mosquée six mois avant les municipales. C'est vrai, parfois la politique agit comme un frein, pas comme un progrès. Elle avance moins vite que la société. »*

Dans certaines villes de la région, un électeur sur trois, voire un sur deux, vote FN. Vers Arleux, une large bande rurale derrière Douai, des parents ont confié aux professeurs que leurs gamins placardaient des *Hitler en poster* sur les murs de leur chambre. Certains élèves, dans des établissements d'Hénin-Beaumont, revendiquent la « mode Marine Le Pen », qui consiste essentiellement à rouler des yeux fâchés, écouter de la musique électro et graver *« Bougnoules »* sur les tables de classe en clamant : *« Ici, on est connu mondialement pour voter FN. »*

Peu à peu, la campagne a fini par tout envahir, les maisons, les esprits. Abdelnasser Sadki, cadre dans une grosse boîte de la région, s'est longtemps fait une certaine image des électeurs FN. Bizarrement, elle ressemble à celle que les partisans de Marine Le Pen se font des enfants de l'immigration : *« Je m'attendais forcément à des gens qui ne travaillent pas, qui ont subi des violences, avec beaucoup d'enfants*, détaille Abdelnasser Sadki. *Des malheureux, quoi. »* Il voulait en voir au moins un et a fini par y arriver, en découvrant sa pharmacienne sur la liste de Marine Le Pen. *« Je me suis dit : c'est son choix. Maintenant, on se regarde comme si de rien n'était. »*

Chez Rachida, dans la villa blanche du Bord des eaux, le résultat du vote vient de tomber. Marine Le Pen arrive en tête sur la circonscription, avec plus de 40 %, frôlant les 50 sur la ville même d'Hénin-Beaumont. Une invitée murmure juste : *« On ne mérite pas ça »*, et puis plus rien. À la télé, on change de chaîne pour mettre le match Irlande-Croatie.

Et Gilbert Collard attendait ses résultats
19 juin 2012

Des invités et des journalistes se bousculent déjà dans les salles de réception du Mas de Bagatelle – hôtellerie *« de charme en Camargue »* – quand Gilbert Collard est encore allongé sur la courtepointe mauve d'un lit à baldaquin dans une chambre à l'écart. Avocat célèbre et candidat du Rassemblement Bleu Marine, ce qui lui permet de ne pas être formellement encarté au FN, il tente d'obtenir les résultats des législatives où il s'est présenté dans la 2e circonscription du Gard.

Il est bientôt 20 h 30 dimanche 17 juin, les chiffres devraient déjà être tombés. Et pourtant, M. Collard, sur sa courtepointe mauve, n'arrive toujours pas à savoir s'il a gagné. Au téléphone, sa suppléante, Évelyne Ruty, 67 ans, se prend les pieds dans les pourcentages donnés par la préfecture de Nîmes, hésite, recompte.

Parmi les troupes du FN, il est rare de ne pas rencontrer quelque ancien de l'Algérie française, surtout dans ce coin du Gard où les pieds-noirs sont installés en nombre. À Vauvert, on tombe sur Évelyne Ruty, ou plutôt son mari, un officier à la retraite qui a servi là-bas. Il l'a fait entrer au parti et, ensemble, ils n'en finissent pas de se désoler sur *« les fils de fellagas qui arrivent en France la haine au cœur »*.

Une autre situation agace la suppléante de Collard :

les gens qui refusent de la croire quand elle dit ne pas être raciste. *« Pourtant, pendant la campagne, Me Collard a serré la main de toutes les ethnies et catégories sociales,* s'exclame Evelyne Ruty, *y compris les Maghrébins, et Dieu sait s'il y en a, à Vauvert et Saint-Gilles »,* deux gros bourgs de la circonscription.

À Saint-Gilles, justement, des incidents ont eu lieu dimanche avant le dépouillement du vote, pendant lesquels Gilbert Collard s'est fait insulter et cracher dessus. Pour comprendre l'histoire, il faut s'imaginer l'avenue Gambetta, en centre-ville, qui s'ouvre sur trois cafés en enfilade : ils composent le décor où se joue inlassablement une version locale de Don Camillo contre Peppone, qui prêterait à rire si elle ne serrait autant le cœur.

Les patrons du premier café ne cachent pas leur vote FN. Un imposant drapeau algérien a été déployé par-dessus le comptoir du second. Quant au troisième, il a pour devise : *« Ne m'emmerdez pas. »* Les clients des trois bars ne se mélangent pas, chacun à sa terrasse respective, s'observant, s'ignorant ou parfois se battant, comme un symbole des tensions de la région.

C'est là que M. Collard avait choisi de faire, dimanche, l'une de ses promenades électorales. Passant devant le premier café, il a été applaudi. Puis hué devant le second. Plusieurs témoins racontent qu'un homme, accompagnant l'avocat, aurait fait un bras d'honneur, ce que conteste M. Collard. En tout cas, tous se sont précipités dans le troisième bar, où une vingtaine de furieux les ont encerclés. La gendarmerie a dû intervenir.

« Collard est en train de créer une situation inflam-mable », s'inquiète un des conseillers de Katy Guyot (PS), sa principale adversaire. C'est une fille du pays,

fonctionnaire, qui a soutenu Manuel Valls pendant la primaire socialiste et pourrait parler sans fin des 20 % de chômeurs du coin, dont son fils. Quand elle s'est lancée dans cette législative, l'avocat n'était pas candidat. Elle a continué à y croire quand il s'est présenté, avec l'impression – parfois – d'être balayée par l'ouragan médiatique Collard, elle qui, à 50 ans, n'avait jamais parlé devant une caméra de télé.

Ce dimanche soir, la socialiste a annoncé sa défaite depuis longtemps et appelé « *au calme* » quand Évelyne Ruty n'a toujours pas trouvé les résultats. C'est un coup de fil de félicitations de Marine Le Pen qui apprend sa victoire à l'avocat, un peu avant 21 heures. Alors, il jubile. Depuis trente ans, il a soutenu Mitterrand, Chirac, Chevènement, Pasqua, Sarkozy – et lui-même doit en oublier – sans jamais décrocher ni poste ni mandat. « *Quand il m'a annoncé se rapprocher du FN, je lui ai dit : "Si tu le sens, je suis de ton côté." Je trouve ça normal* », dit sa femme. C'est donc le FN qui, pour ses 64 ans, met l'avocat en piste. Au micro, il annonce son programme : « *Être un casse-couilles démocratique.* » Sa femme lui rappelle son train, le lendemain à 13 h 52. « *Tu dois arriver à temps pour Les Grosses Têtes.* »

Le rêve de la « presque classe moyenne » disparaît dans l'incendie d'Aubervilliers
3 avril 2013

Il devait être 22 heures quand la voisine de palier a entendu des cris. Elle a esquissé un geste vers la porte, puis a renoncé. Toujours la même chose. Toujours les mêmes. Depuis leur arrivée, il y a quatre ou cinq mois, il lui semble que la vie a vraiment basculé dans la cage d'escalier B du numéro 4 de la rue Ernest-Prévost, à Aubervilliers, en Seine-Saint-Denis.

Quelques minutes plus tard, un grand choc a de nouveau fait sursauter la voisine. Elle a lancé aux enfants : *« Cette fois, c'est trop. »* Quand elle a ouvert sur le palier, une fumée épaisse s'est engouffrée dans l'appartement.

Dans la nuit du samedi 30 mars, un incendie a fait 3 morts et 10 blessés rue Ernest-Prévost. La mairie a dressé des tentes pour accueillir la trentaine de familles. Cécile Duflot, la ministre du Logement, est venue sur les lieux ; une enquête est ouverte pour « homicide » et « incendie ». Tout le week-end de Pâques a été baigné d'une grande émotion autour de l'affaire.

Sara, qui habite au 3e, a appelé au boulot pour annoncer qu'elle ne pourrait pas venir. Son patron avait entendu parler de l'incendie, un *« immeuble de squatteurs »*, du *« mal-logement, comme d'habitude »*. Il s'étonne auprès de Sara : *« On ne savait pas que tu vivais dans un endroit comme ça.* » Elle s'étrangle : « *C'est pas la même chose, nous sommes des classes moyennes... Enfin, pas tout à fait mais presque...* » C'est précisément dans ce « *pas tout à fait mais presque...* » que se joue l'affaire de la rue Ernest-Prévost.

La rue doit à être 200 mètres de la porte de la Villette, à Paris. D'autres endroits auraient fait leur miel d'une telle proximité. Ici non. Le tout nouveau tramway n'a pas poussé jusqu'à ce petit bout de quartier, les espaces publics sont restés en friche. Dans cet angle mort de la ville s'ébroue une pègre famélique, spécialisée en cigarettes de contrebande, DVD pirates et vols de portables.

Sara et Eddy s'y sont installés en novembre 2011, juste après leur mariage. Ils avaient fait une simulation pour un prêt immobilier. « *On est des bosseurs, on a fait nos études en France. On présente bien.* » Lui travaille dans la grande distribution et, le mois dernier, il a encore décroché les lauriers de « premier vendeur ». Elle est chef de cuisine, comme dans les émissions de télévision en vogue. À eux deux, ils « font » 2 800 euros par mois et ils y croient, fiers de ne demander aucune aide. Partout, on leur répète que, de nos jours, ce n'est pas assez, même pour louer.

Une amie leur parle de son immeuble, « *pas hyper-top, mais possible* » : 560 euros par mois pour 28 m², sans arrêté de péril ni insalubrité. « *Et presque de type haussmannien* », croit savoir Eddy. En tout cas, l'agence immobilière demande une caution en cash, mais pas de garants.

L'immeuble, comme l'escalier B, où se louent des studios et des deux-pièces, n'a plus que la couleur de la crise. La retraitée du 2e a dû se remettre à faire des heures pour boucler le mois, la famille à côté vit à cinq dans une pièce avec un seul salaire. Un autre jeune couple se sent « *privé d'évoluer* ». Au fil des ans, des squatteurs se sont mis à occuper les lieux, une quinzaine sur les 36 appartements. Rares sont ceux qui leur en veulent. On les comprend même, « *des gens comme nous, normaux, parfois avec des accents mais discrets. Ils ne peuvent pas payer le loyer ? Qui sait si ça ne nous arrivera pas ?* » dit une commerçante au 6ᵉ. Les charges ne sont plus versées, l'immeuble se dégrade. Plusieurs fois l'agence promet des travaux. Mais rien.

Quand Eddy et Sara ont acheté le canapé à crédit, il lui a dit : « *Franchement, tu mérites mieux, mon cœur.* » Plus tard, ils ouvriront leur restaurant – peut-être une spécialité de tajines light. Ils auront des enfants qu'ils enverront « *en stage à l'étranger* ». Ils habitent là, mais en transit, seulement. En tout cas, Sara et Eddy y étaient encore il y a quatre mois, quand « ils » sont arrivés.

« Ils » sont égyptiens, cinq hommes vivant entre eux, sans papiers mais à grand bruit. Ils laissent les poubelles sur le palier. Fument et téléphonent dans les escaliers. « *Pourquoi c'est à nous d'encaisser ça ?* » a dit un retraité au 1ᵉʳ. Une pétition se met à circuler.

La semaine précédente, plusieurs locataires ont appelé la police quand une dispute a éclaté, violente. Dans la cour, quatre d'entre eux ont attrapé le cinquième, le plus chahuteur. Selon plusieurs locataires, ils le frappent et le chassent, criant « *qu'il va finir par leur faire des ennuis* ». Le cinquième homme jure qu'il reviendra.

Il est là, en effet, le samedi 30 mars vers 22 heures. Les autres sont en train de manger du riz et du poulet. Il en tabasse un, asperge les autres d'essence, d'après des habitants. Le Butagaz se renverse.

Le lendemain, dans les hébergements d'urgence de

la mairie, c'est la désolation. *« Pour nous, c'est fini, on va tomber. On n'y arrivera jamais »,* disent Sara et Eddy. De son côté, Mickael Dahan, directeur de cabinet du maire, explique que la collectivité ne devrait théoriquement rien avoir à faire : l'immeuble est privé. *« Mais, politiquement, on se retrouve en première ligne sans aucun moyen. »* Aubervilliers compte 42 % de logements sociaux, avec 5 000 personnes en attente. Ici, comme dans presque toute la région parisienne, il faut de huit à dix ans pour décrocher un F4 en HLM.

Devant l'immeuble en brique, un petit groupe discret scrute les fenêtres vides. Ce sont des Égyptiens, venus de la même bourgade que ceux qui vivaient là, Mit Masoud, gouvernorat de Dakahleya. L'un d'eux, Mohamed, raconte que les proches du *« cinquième homme »* ont dû s'enfuir du village après l'incendie, poursuivis par la vengeance des familles. Comme eux, Mohamed est diplômé, classe moyenne. Comme eux, il travaille ici sur les marchés et, quand il décroche un boulot sur un chantier, il parvient à envoyer 100 euros au pays. Comme eux, il voulait *« chercher la vie en Europe »* depuis le « printemps arabe ». Il dit : *« Mais ici, c'est la crise. »* Un locataire s'approche. Il lui dit : *« Condoléances »* et il l'embrasse.

Contre le mariage gay, le carré des irréductibles défile sous les drapeaux
7 mai 2013

Dimanche soir, en rentrant à la maison après avoir manifesté dans les rues de Rennes contre la loi Taubira, qui ouvre le mariage aux couples homosexuels, la famille Dubreton a roulé avec grand soin le drapeau français dans le placard à chaussures, parce qu'il commence à s'user et que les organisateurs n'en distribuent plus dans les défilés comme au début du mouvement, en novembre 2012. Puis, on a plié les tee-shirts siglés *« manif pour tous »,* chacun le sien, les parents et les trois enfants. On les a rangés dans le vestiaire avec les sacs à dos, prêts pour le prochain défilé.

Ils les ont toutes faites ces manifestations, les Dubreton, une bonne dizaine et dans toute la France. *« Même mon cousin qui est gay vient avec nous, ça nous a tous rapprochés »,* raconte la fille aînée, lycéenne à Rennes. Elle se met toujours en tête de cortège avec les jeunes – *« C'est génial »* – et résume sa position, par quelques phrases scandées d'un ton adolescent, à la fois revendicatif et traînant : *« Je veux un mari. Je veux des enfants. Je veux être une maman. On essaie de détruire la famille. Bientôt, en France, on vendra des bébés. »*

Dimanche, dans les grandes villes de France, c'était surtout les plus engagés du mouvement qui manifestaient, le carré des irréductibles, ceux qui ne loupent pas un défilé, ceux qui passent leur nuit à coller des affiches ou ceux qui signent leurs messages ONLRJJJ (« *On ne lâchera rien, jamais, jamais, jamais* »). Entre le calendrier des vacances scolaires, l'adoption définitive de la loi fin avril et un autre très gros rassemblement prévu le 26 mai, les cortèges dans quinze villes de France se sont révélés bien plus modestes cette fois que d'autres au printemps : 15 000 à 35 000 manifestants à Paris, 12 000 à 20 000 à Rennes et 9 000 à 20 000 personnes à Lyon.

« *Peut-être que ça finira par s'essouffler, qui sait ?* », dit une bouchère qui chante dans les rues de Rennes sa quatrième *Marseillaise* de l'après-midi. « *Mais quoi qu'il arrive, on n'est plus les mêmes aujourd'hui, ça continuera à travailler secrètement dans le cœur du peuple pour ressortir, un jour, sous une forme que personne ne peut imaginer. Même pas nous.* »

« *Moi ça me remue aux tripes* », dit Xavier Bigot, maire de Marcei, 210 habitants, en Basse-Normandie. Quelques élus sont venus défiler à Rennes, sans étiquette, comme lui, et se gardant d'en avoir une. Peu nombreux, plutôt timides, ils incarnent bien le clivage actuel dans le monde politique et une partie de la population.

« *La loi Taubira est devenue le dossier numéro 1 pour les citoyens de la commune avec l'emploi, mais il serait malhonnête de dire que c'est le cas aussi au conseil municipal* », explique Jean-Yves Esnault, élu du Pouliguen, en Loire-Atlantique. Sur les 29 conseillers, il est le seul à aborder le sujet et afficher sa position, un tabou.

Certains maires craignent de se couper des « *gros élus* » et de voir sauter leurs subventions, estime un élu du côté d'Argentan. Ou de perdre les municipales en 2014. Un autre maire de l'Orne affirme qu'il ne mariera jamais un couple gay. *« Dans ma conscience, ce sera toujours non. »* Il ne le dit pas trop fort. *« Il y a peu de chance que le problème se pose chez nous, mais s'ils savent ce qu'on pense, certains pourraient venir s'installer rien que pour nous provoquer. »* Sur le podium, à Rennes, se relaient quatre députés locaux. *« À part ceux-là, les autres ne se mouillent pas trop au niveau national »,* rigole un maire.

À Paris, Henri Guaino, ex-conseiller de Nicolas Sarkozy, est venu dans la foule *« saluer les manifestants ».* L'un d'eux le reconnaît. Il lui demande si la loi sera abrogée en cas de retour de la droite. *« Pas si simple de revenir dessus,* louvoie M. Guaino. *On ne pourra pas. Mais ne lâchez rien. »*

Chez les manifestants, le sentiment s'est mis à grandir au fil des mois de n'être ni entendu ni compris. *« S'il y a une surdité des politiques, la classe médiatique est l'autre grande coupable »,* se fâche une mère au foyer, venue des Sables-d'Olonne (Vendée). Dans la plupart des défilés de France, les mots sont les mêmes. On parle de mépris et de débat volé. *« J'ai découvert les médias et leurs manipulations »,* dit Emmanuelle Bush, 37 ans, à Paris. *« On truque les chiffres, les photos, les propos. Maintenant je m'informe différemment. »*

À Rennes, des huées en salves accueillent un groupe de photographes, la caméra d'une chaîne locale de télévision est cassée, selon l'AFP.

Membre de l'équipe « Manif pour tous » à Caen, Louis Ronssin, un entrepreneur de 35 ans, décrit un mouvement qui grossit, se structure, s'affermit : 1 900 adhésions en six mois dans le Calvados – plus que les grands partis – où cohabitent le FN, l'UMP, le

PS. « *Il a fallu veiller qu'aucune tendance ne prenne le pas sur l'autre et s'empêcher de nommer quelqu'un à la tête pour éviter l'orgueil* », dit M. Ronssin. Selon lui, la situation a failli basculer en quelques heures après la manifestation parisienne du 24 mars. « *Je ne sais pas ce qui aurait pu se passer, certains étaient comme fous. Aujourd'hui, c'est clair pour tout le monde : la non-violence.* » En quelques mois, M. Ronssin a appris à organiser une manifestation en trois heures, rencontré tous les policiers de la ville, parlé dans la mosquée d'Hérouville après la prière du samedi, discuté avec les politiques, organisé dix soirées de formation pour apprendre à parler à la presse.

Dans les rues de Rennes qui se vident, un type demande à tout le monde : « *Vous ne savez pas où je pourrais acheter un drapeau français pour la manif du 26 mai ? Le mien vient de se déchirer.* »

... et puis Chouchou est entré dans la pièce
20 mai 2013

Cassandra avait commencé à écrire à l'abbé Pierre quand Bouboulette – c'est le surnom de son frère aîné – a stoppé son élan : *« L'abbé Pierre ? Je te rappelle qu'il est mort. »*

« Et si je cherchais une touche avec François ? » a proposé Cassandra.

« François Hollande ? »

Elle a haussé les épaules, franchement étonnée : *« N'importe quoi ! Les politiques, c'est démonétisé. Je te parle de François, le nouveau pape. »*

Finalement, pour les loyers impayés de son T3, Cassandra s'est résolue à aller à l'office HLM, *« comme tout le monde »*. Bouboulette l'accompagne. Depuis qu'il a pu s'offrir le permis de conduire, on le croirait promu nouveau chef de toute la famille. L'événement a été fêté, presque autant que son diplôme d'instituteur l'an dernier.

À l'office HLM, une brune enjouée avec un chignon les reçoit sous des photos de la région, la Normandie pittoresque, assez loin du paysage qu'on aperçoit par sa fenêtre, petits immeubles le long d'une route mouillée dans un horizon vert et plat.

Sitôt assis, Bouboulette se lance dans un couplet sur son père, *« une sorte de golden boy »*, s'enflamme-t-il,

« *qui a eu le nez de s'installer ici voilà une vingtaine d'années quand ce n'était encore qu'un trou paumé* ». Cela leur a permis d'obtenir facilement un pavillon HLM alors qu'aujourd'hui, « *il y a la queue dans le logement social, quasi comme à Paris* ».

« *Mon Chouchou, je te rappelle* », murmure la brune au chignon dans son téléphone.

Cassandra en vient au but. Elle n'arrive plus à payer son loyer.

« *On va regarder ensemble votre budget* », reprend l'employée en souriant.

Cassandra commence par le « *poste numéro un* », les factures, « *qu'on est obligé de payer, sinon ils vous coupent tout de suite* » : le téléphone portable et Internet. « *Sans ça, on est mort : surtout mon mari, en recherche d'emploi.* » Il était commercial et « *bricole dans l'informatique en attendant mieux* ». Autrement dit, il achète des sacs imitation Vuitton en Chine sur le Net et les revend en France sur le site Le Bon Coin. « *Au black* », précise Cassandra. Elle n'y voit aucun mal, au contraire. « *Vous préféreriez qu'il ne fasse rien ? On a un fils.* »

Ensuite, vient le remboursement de trois crédits à la consommation pour un frigo, un scooter d'occasion et un home-cinéma (« *On doit bien se faire plaisir parfois* », glisse Bouboulette, qui prend des notes). Là aussi, il faut payer, et très vite. Les boîtes de crédit ne lâchent jamais. Ils vous mettent des pénalités féroces. Ils scotchent des autocollants humiliants sur votre boîte aux lettres. Ils vous harcèlent devant l'école ou au boulot. Ils vous attaquent au tribunal. C'est l'obligation numéro deux.

Le portable de la brune au chignon sonne à nouveau. « *Je suis en rendez-vous, mon Chouchou, je t'aime.* »

Après seulement, en troisième position, arrive la nourriture, surtout par la carte de crédit de l'hypermarché local. Cassandra l'a obtenue sans difficulté : elle y travaille le week-end et en nocturne. *« Je fais des affaires, la baguette coûte 35 centimes, il n'y a plus personne chez le boulanger où elle est à 80. »* Parfois, elle complète avec des aides alimentaires. Fièrement : *« J'y arrive toujours. »*

À ce moment-là, elle prend sa respiration, mal à l'aise pour la première fois. Bouboulette offre une tournée générale de chewing-gums pour détendre l'ambiance. *« Ils sont forts*, s'émeut l'employée. *À quoi sont-ils ? Au calvados ? »* Puis Cassandra, à nouveau : *« Pour le reste, je vous mentirais en disant que je n'ai pas de dettes. »* Le gaz et l'électricité, par exemple. *« Mais là, ils comprennent. Ils patientent, pas comme les organismes de crédit. »* Et pas comme les opérateurs de téléphonie, non plus. *« Le public, quand même, c'est politique*, analyse Bouboulette. *L'État ne peut pas se permettre de couper et de laisser des familles normales sans courant. »*

Et pour les loyers de l'appartement ? Cassandra devient toute rouge. Elle risque : *« C'est pareil, non ? On ne met pas dehors les gens comme nous ? »*

L'employée la coupe, toujours souriante : *« C'est vrai, on est le dernier crédit sans intérêts. »*

Et soudain, Bouboulette et Cassandra pensent à leurs parents, pour qui le toit et la lumière étaient sacrés, les priorités à honorer par-dessus tout, pour les enfants et les voisins. Tout s'est inversé, cul par-dessus tête.

Dans le pavillon familial, ils sont douze maintenant : trois frères et sœurs sont restés, avec enfants et conjoints, question de moyens. Bouboulette fait partie du lot, ses économies de loyer lui permettent de financer la seule voiture et l'essence pour tout le monde.

Cassandra a voulu voler de ses propres ailes. Et la voila qui propose une *« solution très très positive »* pour ses dettes de loyer : en mettant le lit de son fils dans la chambre conjugale, elle libérerait l'autre pour loger une cousine handicapée. Elle prendrait soin d'elle, l'autre participerait au loyer en échange. *« Les allocations, c'est le seul revenu garanti, encore plus sûr que les retraites*, triomphe Cassandra. *Vous en pensez quoi ? »*

Tout a coup, la porte du bureau s'entrebâille. Apparaît la tête d'un homme entre deux âges, casquette à carreaux, et qui serait sans doute le premier étonné si on lui disait qu'il ressemble à Jean Gabin. La brune à chignon se lève : *« Mon Chouchou, qu'est-ce tu fais là ? »* Et lui : *« Pour le boulot, finalement, ils ne m'ont pas pris. Désolé, mon amour. »*

« 70 000 euros quand même... »
27 mai 2013

Il devait être 6 h 30 du matin, la ferme était en train de s'ébrouer, les poules, les dindes, les veaux, le cochon qu'on engraisse et le petit chien frisé, si petit que les chats roux derrière l'étable en paraissent imposants. M. et Mme Libessart venaient de se lever quand la radio a annoncé que le décret sur le « mariage pour tous » était publié. Désormais, les couples homosexuels auraient le droit de passer devant le maire, et, en cas de refus, tout élu pourrait être condamné à 70 000 euros d'amende et 3 mois de suspension. *« Tu as entendu ce que tu risques ? »* a glissé Mme Libessart à M. Libessart, qui est le maire du village. Et elle a continué : *« Dire que tu reçois une journaliste aujourd'hui ! Tu pourrais lui dire que tu as changé d'avis, non ? »*

À Montenescourt, 456 habitants dans le Pas-de-Calais, M. et Mme Libessart se font du souci pour une « affaire » qui a jeté un froid dans le pays. Cela s'est passé au début de l'année, juste après le conseil municipal. Les débats avaient tourné autour de dossiers chauds, le cimetière, par exemple, un endroit très couru où les morts des villes alentour veulent tous se faire enterrer, vu le prix modique du mètre carré et la tranquillité du coin. Évidemment, les morts d'ici n'ont plus assez de place et ça crée des problèmes.

Comme souvent, le conseil s'est prolongé par quelques verres. Les dames ne restent pas, en général : elles sont deux conseillères sur onze toujours pressées de rentrer chez elles. Entre messieurs, donc, la discussion a roulé sur le mariage pour tous. *« Il s'en passe de belles »*, a dit l'un d'eux. Et un autre : *« Où ça va s'arrêter ? »* Puis, s'adressant au maire : *« Tu serais prêt à marier deux hommes, toi ? – Pas trop »*, a dit M. Libessart. *« Dans ce cas, qui va le faire ? »* a lancé quelqu'un. Alors tout le monde s'est récrié : *« Pas moi, pas moi. »* En habitué, le maire a pensé qu'il devait y avoir trois ou quatre convaincus et que les autres se contentaient de suivre *« pour ne pas être embêtés »*.

C'était la première fois que le sujet était évoqué à Montenescourt. Cela aurait dû être la dernière aussi : comme dans beaucoup de communes, il ne s'aborde pas à la légère, sauf avec ceux dont on est sûr qu'ils pensent comme soi. Seuls les médias ne semblent pas embarrassés pour en parler, et le correspondant de *La Voix du Nord* a d'ailleurs appelé M. Libessart après le fameux conseil. *« À la municipalité, on est tous contre »*, a benoîtement rapporté M. Libessart. Et Mme Libessart : *« On n'aurait jamais cru que ça passerait... »*

M. le maire me reçoit très aimablement. Dans la région, tout le monde en connaît *« un »*, raconte-t-il. Un couple homosexuel, s'entend. À Montenescourt, *« il n'y en a pas, mais dans les villages à côté, si, un ou deux, depuis quelques années seulement »*. La plupart viennent d'ailleurs et travaillent dans des bureaux. Leurs voisins les reçoivent, *« tant qu'ils se tiennent bien et ne nous sautent pas dessus »*, disent-ils entre eux. *« Cela doit exister aussi chez les agriculteurs,* mais ils ne se font pas voir. Ils seraient un sujet de conversation pour les autres. »

« Certains ont même été persécutés », dit Cécile. Elle est une des trois enfants du maire et demande à son père : « Qu'est-ce que tu répondrais à ton fils s'il faisait ça ? » Il se trouble. « Je lui dirais : "C'est ton droit, mais réfléchis avant de te lancer à l'aventure. Tu aimes bien ce gars-là, d'accord, mais ça doit être un coup de folie. Comment tu vas fonder une famille ?" » Cécile et sa sœur protestent à grands rires : « Quand c'est leurs propres enfants, les parents finissent par voir les choses autrement, non ? »

À la ferme, Cécile tient un magasin de fleurs, prisé notamment pour les mariages. Elle montre aux clients des ouvrages spécialisés, dont un venu de Belgique, où figurent en photos les noces d'un couple d'hommes. « Personne ne m'a jamais fait de commentaires », note-t-elle. « Dans les villages, c'est quand même le social qui choque le plus », reprend M. Libessart. « En tout cas, pour ceux qui accumulent les avantages, le chômage, les restos du cœur et tout le machin. » Ici, dans le Pas-de-Calais rural, les familles se passent les terres en héritage, ne comptent pas les heures à la ferme, se sacrifient pour construire la maison et votent modéré, plutôt à droite. On y a bien ri quand le patrimoine des ministres a été rendu public : certains semblaient ne pas posséder grand-chose et on les a jugés mal dégourdis, incapables de faire des économies malgré leur beau salaire. « Comment peuvent-ils gouverner la France, alors qu'ils n'arrivent pas à compter pour eux-mêmes ? »

Mme Libessart insiste sur le mariage pour tous. « L'amende n'est pas négligeable, jusqu'à 70 000 euros quand même. Ça fait réfléchir. » Puis M. Libessart :

« *On a dit qu'on ne le ferait pas, c'est vrai, mais avant que la loi passe. L'opinion était libre alors. Maintenant, il faut voir.* »

La salle des mariages est plantée au centre du bourg, nappe de lin, un beau bouquet à côté de la Marianne. On compte trois unions les grandes années, officiées par le maire : les adjoints sont intimidés. Il y a quelques semaines, M. Libessart a célébré son premier baptême républicain. Il avait demandé à un collègue, le maire de Gouves, de lui passer son discours, « *pour ne pas paraître trop bête* ». Aux parents de l'enfant, il a bien fait passer le message de venir avec un parrain et une marraine. « *Sinon, où va t-on ? Il ne s'agit pas seulement de faire la fête, je dois aussi montrer le chemin.* »

Finalement, si deux hommes se présentent à Montenescourt, il les unira. Mme Libessart l'espère, Cécile, sa fille, en est sûre, « *et tant pis si les gens se moquent au début* ». Il est déjà prévu que la secrétaire de mairie fasse un stage préparatoire à la préfecture d'Arras.

Mme Coco et les dealers
3 juin 2013

Dans une guerre, il faut un général et tous les locataires s'accordent à dire, dans le bâtiment A de la cité Papillon, que Mme Coco fut ce général-là. C'est elle qui a mené les opérations et libéré le hall, il y a un mois, de tous les vendeurs de drogue. Mme Coco, 52 ans, reçoit triomphalement dans son trois-pièces du rez-de-chaussée. Avec un battement de cils, elle offre des hamburgers, apportés par la petite du 6e, employée au Quick de La Courneuve (Seine-Saint-Denis).

Quand elle est arrivée, il y a trente ans, le hall était déjà squatté. *« C'étaient des dealers gentils et discrets, deux ou trois, pas plus, qui ne salissaient rien. »* Elle travaillait dans l'administration, les dealers montaient les courses, on laissait les voitures ouvertes. *« Le mot "drogue" n'était pas dans nos esprits. On ne savait pas qu'on pouvait en mourir. »* Même des femmes venaient se fournir ici : c'est dire si l'endroit était coté.

Au début, la situation amusait le bâtiment. Ses enfants l'appelaient à la fenêtre : *« Viens voir, maman ! »* On regardait les camions d'électroménager arriver pour les livraisons. Des jeunes grimpaient dedans, piquaient tout. On se disait que le chauffeur allait s'en apercevoir, mais non, il repartait sans avoir rien vu comme dans les films comiques. Et on riait, on riait.

Le bâtiment B de la cité Papillon possède une topographie idéale pour vendre de la drogue : facile à trouver pour les clients, au croisement de trois rues avec vue dégagée pour la surveillance et flanqué d'un arbre où cacher la marchandise. Pas étonnant qu'il soit entré très vite dans le *« top 25 des halls les plus dangereux du 93 »*, selon la préfecture.

À vrai dire, Mme Coco n'a pas toujours eu si bonne réputation cité Papillon. Les voisins murmuraient qu'elle *« les attirait »*. Stratégiquement logée au rez-de-chaussée, elle a longtemps vendu des canettes aux dealers du hall et aussi des gâteaux, surtout celui à la noix de coco, sa spécialité.

Le trafic a commencé à prendre de l'ampleur, les vendeurs changeaient tous les quatre ans, une génération chassant l'autre. *« On n'osait plus recevoir personne »*, explique un chauffeur routier au premier étage. Il ne parle pas très fort, question d'habitude. « Ils » savaient tout : qui vit où, qui ouvre les volets et à quelle heure. « Ils » ont commencé à dire : *« Au bâtiment B, c'est nous le chef. »* D'une voix toujours étouffée, le routier lance : *« Giorgio Armani, couché ! »* C'est son chien, qui court mécaniquement autour de la télé.

L'aide-soignante du 4e signale que trois enfants du bâtiment B ont eu le bac en 2012. Deux y vont cette année, *« une fierté »*. Pour elle, *« ce sont les petits virés de l'école qui ont fait basculer les choses. Il y a eu des morts »*. À travers les étages, ça crie : *« Au nom de Jésus, je te dis d'arrêter. »* La famille de Témoins de Jehovah est encore en train de se disputer avec la famille des évangélistes.

Il y a deux ans, le père de Mme Coco est venu habiter chez elle. Il ne supportait pas ces jeunes-là. Elle-même a eu des ennuis de santé. De leur côté, les dealers devenaient plus exigeants, tapant au volet pour réclamer du café ou venir jouer à la Playstation. Quand elle a voulu lancer une pétition, son paillasson a brûlé. Il était trop tard pour mettre des limites.

« Moi aussi, j'ai essayé de partir, comme tout le monde, dit Mme Coco. *Pas la peine de faire des demandes : d'ici, on ne part pas. »* Surtout elle, avec sa réputation double auprès des HLM. Mme Coco s'est lancée dans une enquête secrète. *« Il faut d'abord fermer sa bouche, surtout devant les enfants, qui les connaissent du collège. Ceux du deuxième étage se sont révélés être des taupes, qui dénonçaient même leurs parents. »*

Une nuit, une explosion a secoué le hall quand « ils » ont voulu détruire la boîte aux lettres de Mme Coco. Tout le monde est descendu, même l'Asiatique qui ne parle pas français, et Fatoumata qu'on n'a jamais vue se mêler de rien. La police a dit : *« Désignez-nous qui fait quoi. »* Seule Mme Coco s'est avancée. Elle n'avait plus le choix. *« Il se trouve que je viens de Guyane et que le gradé était de Martinique. »* Il lui a dit à part : *« Chaque fois que tu m'appelles, j'envoie une voiture. »* Les gens ont commencé à obéir à Mme Coco, en voyant son pouvoir. Ils ont accepté un tour de permanence dans le hall, 24 heures sur 24, quand elle a fini par le proposer. Un matin, les dealers étaient partis.

On sonne chez Mme Coco. Elle fait les présentations : *« Voilà Pois Chiche, un ancien. »* Elle veut dire : un ancien du trafic qui tient maintenant un 8 à huit vers Saint-Denis. Ils évoquent *« le bon temps »*, passant en revue qui s'est rangé, qui a été arrêté, qui est mort. *« Tu nous as tous vus passer »*, s'émeut Pois Chiche. Et elle : *« Jadis, le dealer était respectueux. »* Pois Chiche sourit, comme pour recevoir le compliment.

De la fenêtre, on voit le bâtiment A. Il y a trois semaines, « ils » se sont installés là, 20 mètres plus loin. « Ils » se font livrer des pizzas dans le hall et les mangent sur le conteneur-poubelle renversé, juste au-dessous d'un graffiti : *« Les négresssssses sont dangeureussssses, elles vont t'arnaquer, tu verras même pas un poil de leur chatte. »*

« Ils » boivent du champagne et de la vodka. Ils parient de l'argent aux dés, en tapant du pied pour faire monter les enchères. *« La première fois que j'ai vu un billet de 500 euros, c'était hier par terre dans le hall »*, dit une locataire. Puis elle demande : *« Vous pensez qu'ils vont rester longtemps ? »*

Et pourquoi pas Aubusson ?
24 juin 2013

Le train part dans 5 minutes, et Ada attend toujours son rendez-vous. Elle s'en veut d'avoir fait confiance à ce cabinet de recrutement, trouvé sur Internet. Il lui offrait un billet aller-retour pour Aubusson, dans la Creuse, juste pour voir si elle envisagerait de s'y installer comme médecin. « *La France est victime d'une désertification médicale* », avait argumenté l'expert. « *On a besoin d'étrangers.* »

Ada vient de Cuba, ses cheveux retombent en torsades sur ses épaules brunes. Elle a l'habitude des soupirs d'admiration quand elle annonce son âge : 40 ans.

Au moment où le train démarre, un homme s'assoit à côté d'elle. Il dit tout fort : « *Je dois séduire cette femme ravissante.* » Personne ne songerait à s'en formaliser. L'homme porte un feutre beige à large bord et une chemise kaki qui ceint sa taille imposante. C'est Sylvain Blondin, « *expert en management médical* ».

Son téléphone sonne aussitôt. La Ferté-Bernard cherche un radiologue. Ça sonne à nouveau, pour un généraliste du côté d'Époisses cette fois.

Blondin se lance dans l'explication du système de santé français. Ada connaît. Sa vie a déjà fait pas mal de détours, aussi tortueux que les législations : d'abord La Havane, puis son mariage à Pau avec un prof en

2006. La France ne reconnaît pas son diplôme, elle peut être aide-soignante ou rien. Alors plutôt Madrid, grands trajets, petits salaires, horaires pourris. Quand la crise frappe l'Espagne, l'exil commence pour les médecins locaux. Ada se renseigne : trois ans de pratique là-bas lui ont ouvert le droit à exercer en France.

Après Limoges, le trajet vers Aubusson continue en autocar, une heure et demie au milieu des prés et des hameaux. On commence à les appeler « villages » quand ils possèdent un commerce. Le téléphone de Blondin sonne encore, un médecin, près de Chartres, qui veut remplacer un collègue décédé. Nationalité à débattre. Blondin le suspecte de vouloir fourguer ses clients casse-pieds et sous-louer un cabinet trop cher. Soupir : « *Il n'y a pas de situation limpide.*

– Et à Aubusson ? » risque Ada.

Blondin : « *Avec cinq consultations par jour, un médecin gagne 2 500 euros.*

– La fiche de poste mentionnait de 5 000 à 15 000, ose Ada. *En Espagne, on pense que la crise a épargné la France.* »

Blondin : « *Je fais exprès de prendre un chiffre bas, docteur. La moyenne tourne à vingt-cinq consultations.* »

Aubusson, on y est, 3 800 habitants et 20 000 alentour, cinq docteurs, quatre pharmacies. Blondin s'éponge le front. Il n'y a pas de carte du désert médical, il navigue à vue. À l'hôtel, il entreprend le patron : « *Est-ce que la ville manque de docteurs ?* » L'autre se lamente, tout comme la propriétaire du restaurant. Blondin triomphe. « *Les jeunes médecins travaillent 40 % de moins que leurs aînés. C'est une des raisons de la pénurie.* »

Philippe Petit, agent immobilier, leur fait visiter des locaux. Le nom « Creuse » fait déjà peur, selon lui. Une histoire circule, qui paraît dater des années 1950, mais que la rumeur garantit toute récente. L'épouse d'un candidat-médecin a fait demi-tour en pleine Grande-Rue, refusant d'aller plus loin.

Ada n'ose penser à la discussion qu'elle aura avec son mari au retour. Il lui a dit : *« C'est un trou. »*

« Ici, on peut faire fortune, continue Petit. *Vous aurez très peu de dépenses. »*

Dans les rues pavées, des maisons en ruine voisinent avec les bains-douches rénovés en cabinet d'architecture. *« L'accueil n'est pas à bras ouverts. Ça se passe doucement, il faut savoir trouver les mots du quotidien. Vous verrez qu'on vous fait confiance le jour où on vous offrira un café. »* Rien ne ferait partir Philippe Petit d'Aubusson.

Il s'est mis à pleuvoir. Ada et Blondin courent au café. Dans son village, près de Verdun, Blondin est surnommé le Roumain : sa femme vient de Bucarest. Il travaillait déjà dans le recrutement quand les médecins roumains – volontiers francophones – ont commencé à s'installer en France. Il s'est senti l'homme de la situation. *« Roulez bolide ! »* C'était en 2006. *« Aujourd'hui, les gens ne veulent plus de Roumains, quelques dérives, des problèmes culturels, un ou deux se sont fait la malle en piquant tout. »* Les Espagnols et les Italiens ont pris la relève. En sept ans, Blondin a placé 70 docteurs, 10 000 euros environ le contrat, sur commande des municipalités, des pharmaciens ou d'autres médecins. Ici, les élus ne se mouilleront sans doute pas : ils évitent quand il y a déjà des praticiens pour ne se mettre personne à dos. Blondin estime le risque d'échec à 80 %. *« Mais j'offre un accompagnement, le remplacement gratuit du candidat, s'il part la première année. »*

Un pharmacien invite Ada et Blondin à dîner. Il raconte sa vie, à toute allure, Bora Bora, l'Asie, Djibouti comme une mappemonde transformée en manège. Dans ce pays austère, certains lui ont reproché la rénovation de l'officine : « *Trop jolie.* » Il a ses fans aussi, qui viennent après 19 heures. Le chiffre d'affaires s'est émoussé. Il travaille comme un fou. On ne résiste pas à lui demander s'il ne se sent pas seul, parfois. « *Sûrement.* » Alors la cuirasse se fend. « *C'est plus conforme à ce que je pense : ne rien devoir.* »

Il est presque minuit quand Blondin repousse les assiettes. « *Alors Ada, quel est votre ressenti ?* » Le pharmacien comprendrait qu'elle dise non. Ada est en train de réfléchir très vite. Qui sait quand un autre poste lui sera proposé si elle refuse celui-là ? Elle se sent prête à tout, sauf à déchoir, c'est-à-dire renoncer à être médecin. Si son mari ne veut pas, tant pis. « *Je suis disponible.* »

Coup de pompe en Côte-d'Or
29 septembre 2013

À Salives, la station-service a fermé. Chez les
Mathiot, à Saint-Broing-les-Moines, elle a fermé aussi.
À Saint-Marc-sur-Seine, sur la départementale 971,
un jeune homme à Mobylette se souvient de sa honte
quand un avocat de passage lui a demandé où prendre
de l'essence dans le village. La station a fermé en 2012,
comme les autres. Les cuves devaient être refaites aux
normes, une affaire de 85 000 euros. Le pompiste est
devenu homme de ménage. Sa femme, on ne sait pas.
Le jeune homme se sent dans un *« pays perdu »* : *« Plus
personne ne nous trouve intéressants : on n'a même
plus le droit d'être des consommateurs. »*
De Dijon à Châtillon-sur-Seine, on peut continuer à
compter les pompes. Ce sera vite fait. Les Chevallier
restent les seuls ouverts à la ronde, ou plus exactement les derniers, à l'entrée d'Aignay-le-Duc. *Le Bien
public,* quotidien de la Côte-d'Or, l'a surnommée *« la
station ultime »*. Ça ne déplaît pas à M. Chevallier,
baptisé depuis *« la star »*. Mme Chevallier tient elle-
même la caisse, payée à mi-temps. Un gars lui tend
sa carte bancaire, plutôt petit de taille, avec du poil
roux qui frise sur ses bras. Il était grossiste en fruits
et légumes, dans les années 1970, à l'époque où les
cantons comptaient trente ou quarante épiciers. Il les

a vus tomber un à un, en même temps que les écoles, les postes, les boulangeries, les bistrots. « *Maintenant, c'est notre tour* », dit Mme Chevallier. Quand M. Chevallier a repris la station, en 1998, elle était fermée depuis deux ans et le village entier la pleurait. Les Chevallier ont été fêtés en sauveurs. Aujourd'hui, ils ne sont pas sûrs d'aller jusqu'à la retraite. « *Même des gens du village font parfois 35 kilomètres pour faire le plein à l'hypermarché de Châtillon.* » « *C'est eux qui ont bouffé tout le monde* », lâche « Poil roux » en reprenant sa carte bancaire. Une guitare et une croix brillent en pendentifs autour de son cou. Il ne joue pas de guitare, mais croit en Dieu, qui le protège dans son nouveau travail, un étal sur les marchés.

« *Moi j'y vais, chez Intermarché,* reconnaît un apprenti en électricité. *Mais en cachette, pour ne pas faire de peine à M. et Mme Chevallier.* » Ça fait une sortie. On voit du monde. Et puis on drague. Cette fois, l'apprenti vient de finir son stage et n'en trouve pas d'autre. Or Mme Chevallier accepte qu'on la paie en deux fois. Dans la région, elle doit être la seule à prendre encore les chèques. Elle retarde les encaissements pour arranger les clients fidèles. Elle demande : « *Sans ça, est-ce qu'on y arriverait encore ?* »

Depuis la caisse, elle voit le vieux lavoir, de l'autre côté de la route, les feuilles jaune pâle des tilleuls qu'un vent tiède n'arrive pas à froisser et une bâtisse imposante, surnommée « Le Château », où un cardiologue passe ses week-ends, « *un Parisien mais qui dit bonjour* », bref quelqu'un de bien. Les Belges, aussi, se plaisent sur les coteaux. Ici, « Belge » signifie en réalité « vacancier » ou, à la limite, « vétérinaire », parce que ceux du secteur ont tous cette nationalité-là. À Recey-sur-Ource, le médecin, lui, est vietnamien. En revanche, parler d'« Irlandais » ou de « Roumains » désigne les « ouvriers du bâtiment » qui font les gros chantiers pour 180 euros par mois, avec des contrats courts par rotation. Dans le village à côté, ils sont turcs et polonais, mais c'est synonyme.

Devant la pompe à gasoil, la conversation roule sur un couple pressenti pour reprendre un commerce dans un village voisin avec l'aide de la mairie.

« On les voit aux infos le jour où ils inaugurent, mais pas quand ils ferment un an et demi plus tard, dit Michelle, qui tient un gîte rural.

– Ils arrivent avec des grandes idées.

– Faire les 35 heures, par exemple, ou bien prendre ses week-ends. »

Tout le monde rit, puis les regards se promènent, faussement patelins, sur les clients de passage, qu'on ne connaît pas. *« Vous n'êtes pas fonctionnaire, au moins ? »* Un agriculteur se récrie ne pas avoir à se plaindre non plus. *« Je suis quand même à 730 euros par mois. »*

« Et moi, je vis de ma passion », dit un chauffeur-livreur, 21 ans. Ils sont quatre sur vingt-cinq de sa classe à avoir trouvé du travail, *« tous par piston ».* Sinon, il n'y a rien, *« même les fils de paysans s'en vont ».* Le député local avait proposé de déclarer « zone franche » certains secteurs pour favoriser les commerces. Il en est à son deuxième mandat, toujours rien. On se tait pour regarder passer la camionnette de la boulangère. Elle livre les baguettes, ferme par ferme. *« Je ne sais pas comment elle fait : elle mange de l'argent, forcément »,* dit quelqu'un. Puis l'agriculteur demande : *« Vous irez voter ou pas pour les municipales ? »*

Le téléphone sonne, un client qui veut remplacer un phare. M. Chevallier n'ose pas lui dire que Renault ne change plus « un » phare : il faut obligatoirement racheter les deux, 500 euros la paire. Les gens penseraient que c'est lui le voleur, M. Chevallier en est sûr. Alors, il appelle les casses, sans rien dire, pour essayer d'en trouver un. En 2012, la vente de voitures neuves a chuté d'un coup. *« Les gens ne veulent plus une auto, mais une remise. »*

Le soleil s'éteint doucement derrière le lavoir. L'apprenti électricien revient d'Intermarché. La fille qu'il a rencontrée au rayon fromages lui a demandé si les gens avaient des ordinateurs dans les villages. Il boude. *« Tout le monde nous considère comme des arriérés. »* Il est revenu chez les Chevallier prendre pour *« 5 euros »* d'essence, ce qui lui reste dans le porte-monnaie. On va entrer dans la dernière semaine du mois, celle où les voitures commencent à rouler de moins en moins. Puis elles s'arrêtent jusqu'au début du mois suivant.

Aujourd'hui, ce sont les Roms
21 octobre 2013

C'était le jour de la Saint-Michel, le patron des parachutistes. À Saint-Yrieix, dans la Haute-Vienne, il n'est pas 8 heures et des oriflammes militaires battent déjà à travers le bourg quand le téléphone de Daniel Boisserie, le maire, se met soudain à sonner : France 3 voudrait une interview. La veille, Boisserie a, en effet, signé un soutien à Manuel Valls avec quinze autres élus socialistes : l'affaire des Roms, « qui-ont-vocation-à-être-reconduits-dans-leur-pays », selon le ministre de l'Intérieur, est en train de déchirer la gauche. Dans les zones rurales, cela fait un moment que les élus s'effraient entre eux : le sujet de la sécurité et des Roms s'est mis à incendier les campagnes, on parle de « raids des pays de l'Est » dans les fermes et les maisons. Les prochaines municipales se joueront là-dessus, Boisserie – lui-même fils de paysan – en est convaincu : *« Un jour, un agriculteur prendra peut-être un fusil, ils en sont capables. »*

Quand le micro de France 3 se tend, le maire de Saint-Yrieix a l'impression de dévider les mêmes mots que dans la lettre pour Valls, « l'angélisme » (« qui-n'est-plus-possible ») ou la « loi républicaine » (« qui-doit-être-appliquée »). Mais le soir, devant la télé, Suzy, sa femme, est prise de vertige. Sur fond de treillis et de bérets rouges, elle entend son mari asséner à l'écran : « *Quand on installe les Roms, il y a le crime, la drogue, la prostitution, il n'y a pas de raison de laisser faire.* » Lui-même s'exclame : « *J'ai l'air d'un facho.* » Et Suzy, à nouveau : « *Mon Dieu, qu'est-ce qui va se passer ?* »

À Saint-Yrieix, l'hôtel de ville est perché sur un talus, tout près de la cité médiévale. On apporte un café au maire, il se lève pour faire la bise. Boisserie est né là, petit homme aux manières rondes, paisiblement élu et réélu à la tête des 7 500 habitants, sans réelle opposition.

« *C'est un paradis de tranquillité* », dit Agnès Terrefond, une des deux policiers municipaux. Elle se souvient des jeunes filles apparues en 2010, « *que des messieurs déposaient en voiture devant le distributeur du Crédit agricole. Elles se faisaient passer pour sourdes. Certaines étaient enceintes. Toutes mendiaient* ». Aussitôt, les commerçants appelaient les agents : « *Venez vite, il y a des Roms.* » « *On arrivait, on restait sur elles, tout le temps.* » Elles ont disparu depuis deux ans et Agnès Terrefond se sent « *heureuse à en devenir égoïste. On se dit : "Pourvu que ça n'arrive pas chez nous".* »

Trois personnes attendent devant le bureau social de la mairie. « *Aujourd'hui, ce sont les Roms qui prennent. Il faut bien en vouloir à quelqu'un, non ?* », constate un grand, cheveux dans la nuque, coiffés en arrière. À la déchetterie, où il travaille, on ne parle que de ça. « *Avant, c'était les Arabes, mais ici, franchement, ils bossent bien.* » Aujourd'hui, il accompagne un copain, père au chômage à qui l'aide au logement est refusée pour 42 euros de revenu de trop.

Dans son bureau, Monique Piazzi, adjointe aux

affaires sociales, gronde une jeune femme. « *Dimanche,
à la boulangerie, c'est bien votre fils qui a pris quatre
gâteaux pour plus de 10 euros ? Vous auriez pu en
faire un vous-même, comme moi. À Saint-Yrieix, on
aide, on n'assiste pas.* » L'autre râle. « *Vous donnez
bien à certains qui se saoulent.* » L'adjointe, piquée :
« *Qui ? Dites un nom.* » La jeune femme repart avec
50 euros.

Dans la dureté des temps, Saint-Yrieix paraît sin-
gulièrement épargnée, l'hôpital cumule 450 emplois,
l'imprimerie presque autant, sans compter la coopérative agricole. Une retraitée compte sur ses doigts :
« *On a un cinéma, deux hypermarchés, le centre pour
l'obésité...* » Elle est anglaise, la communauté étrangère de loin la plus nombreuse, et s'est enflammée
comme tout le monde contre le parc aquatique, jugé
pharaonique, alors que l'aménagement de l'aire pour
les gens du voyage, près du marché à bestiaux, est
passée presque inaperçue.

Une vingtaine de caravanes y stationnent, venues
d'Alsace cet été. « *Ici, on n'est pas très nombreux.
Pour les missions évangélistes, on circule à des centaines* », s'excuse une mère de famille. De petits blocs
sanitaires surplombent les vergers, des machines à
laver tournent en plein air, à côté de frigos, plantés
sous le ciel d'hiver comme des menhirs. « *Attention,
Roms et gens du voyage, c'est pas pareil : nous on
est français !* », continue la mère. Un autre : « *Eux, on
ne les connaît pas, leurs enfants sont des zoulous.* »

Une petite fille raconte « en » avoir vus rue du marché
« *avec des bijoux dans le nez et des cheveux longs* ».
Son père la coupe. « *Non, ça c'est des hippies.* » Puis
pouffe : « *Il paraît que le maire a embauché un Rom.* »

Le Rom est en réalité moldave, Andrei Cosciug, un

garçon doux et timide, passionné de pêche. Il n'aime pas raconter sa fuite de l'orphelinat à 15 ans, l'arrivée clandestine en Roumanie sur un parking de camionneurs. L'un d'eux accepte de l'amener à Paris pour tout ce qu'il possède : 500 euros. *« C'est en Europe ? »* s'inquiète l'enfant. Ici, il vole pour des Roumains, maçonne au noir pour un Moldave, finit par tomber à Saint-Yrieix, où l'entraîneur de lutte l'envoie au collège : Cosciug est champion. Le maire lui a décroché la nationalité, un emploi d'avenir et un logement social. Il a 24 ans maintenant. Les Roms ? *« En Moldavie, on les évite. Ici, je fais pareil. »*

Après la vidéo de France 3, Boisserie a fait un communiqué, s'estimant trahi. Puis, effondré, s'est risqué à regarder les commentaires sur Internet. Deux d'entre eux le crucifient, plus de 200 l'applaudissent. Depuis des mois, des campagnes virulentes de SMS faisaient courir une rumeur : le maire allait mettre des Roms, par centaines, dans la gendarmerie désaffectée. *« On était inquiets, c'est vrai »*, dit un exploitant de la coopérative agricole. *« On a soufflé en voyant la vidéo. »* Certains se sont même mis à chanter : *« On a gagné, on a gagné. »*

Les naufragés du Petit-Chenois
28 octobre 2013

Quand l'immeuble d'en face a été démoli, les habitants du Petit-Chenois ont trouvé que c'était une sacrée aubaine. Désormais, ils seraient bien plus à l'aise avec cette vaste esplanade et la vue panoramique dont ils n'auraient jamais osé rêver, plongeant sur la ZUP, et plus loin vers Montbéliard (Doubs). Le bâtiment du Petit-Chenois ressemble comme un frère à celui qui est tombé – six entrées, sept étages ; une barre HLM des années 1970, ni meilleure ni pire que partout en France. Il y a un peu plus d'un an, un de ses habitants a croisé par hasard une fille du bâtiment détruit. Elle lui a dit : « *Si ça vous arrive, tenez bon jusqu'au bout, sinon vous serez traité comme de la merde.* » À vrai dire, personne n'y a prêté garde : une réhabilitation venait d'être annoncée. Les échafaudages commençaient à être dressés, au moment où une lettre annonçant la démolition est arrivée, en décembre 2012.

Un projet de démolition ? Pourquoi pas ? Dominique Carat était professeur d'histoire dans un collège de Franche-Comté quand, voilà trente ans, elle s'est installée au Petit-Chenois. Dans son milieu, l'idéal ressemble plus à une vieille ferme retapée qu'à un HLM dans une ZUP. À elle, ça lui a plu. Elle y est restée avec Jacques, son compagnon. Aujourd'hui, la

66

mairie et l'office HLM parlent du quartier qui se vide – au moins 20 % de vacance depuis la chute des usines Peugeot –, d'une coulée verte, du plan ANRU et de relogement dans les mêmes conditions : qui pourrait être contre ? Et si c'était l'occasion de réaliser ce vieux projet, vivre dans le Sud ? se disent Jacques et Dominique. Les premiers locataires commencent à déménager, des jeunes surtout, une famille turque qui achète un pavillon ou Noura, de Pôle emploi, qui saisit la chance de prendre le large.

Un seul voisin se dresse : Abdelkrim Rabahi. Il dit : « *Moi, je reste.* » Au Petit-Chenois, Rabahi n'est pas n'importe qui. Il a fait du bon ordre de « sa » cage d'escalier une affaire personnelle. Qu'on s'entende : il a plus de 80 ans, un nuage de cheveux blancs, des yeux bridés qui lui font un sourire d'esquimau et une carrière chez Peugeot, comme tous ceux de son âge. L'autre jour, par exemple, quand un couple avec un chien s'est mis à tourner dans le hall, il a semblé naturel aux voisins que ce soit Rabahi qui descende pour menacer d'appeler la police. Depuis presque un demi-siècle, il a pris en main toutes les grosses affaires de l'immeuble : les trois mois de loyers gratuits après la rénovation de 1992, la famille qui fumait dans les escaliers, ou le dealer dont le trafic bloquait les ascenseurs.

De plus en plus nombreux, les gens quittent l'immeuble. C'est le tour de ceux qui ne peuvent pas faire autrement ; les naufragés des impayés. Il ne reste qu'une vingtaine d'appartements occupés sur 80, quand on sonne un matin chez Dominique. C'est une très jeune fille, qui se dit mandatée pour le « relogement personnalisé ». Elle veut la feuille d'impôts, les relevés de banque, les fiches de salaires.

« *Qui vous paie ?* se cabre Dominique.

– Ça ne vous regarde pas. »

Dominique a toujours ri des frayeurs que suscitait la ZUP chez ceux qui n'y vivent pas. Cette fois, le sentiment est plus amer en entendant cette jeune fille, comme en mission chez les pauvres. Elle dit à Jacques : *« J'ai soudain réalisé l'image humiliante qui est la nôtre. »* Et pense à Aichata Konaté qui a accepté un F3 dans une barre à côté, petite femme ronde entourée en permanence d'une quinzaine d'enfants, les siens et ceux du quartier. Son nouvel appartement n'a pas le gaz, et elle fait la navette avec l'ancien logement pour cuisiner. Au bout d'un mois, elle est allée hurler à l'office HLM. S'écraser ou imploser. En tout cas, personne n'a les codes pour discuter pied à pied. Dominique se met à faire les courriers et les démarches pour ceux qui restent.

Cette semaine, une fête de solidarité est organisée au pied de l'immeuble. Alors, un à un, descendent les derniers habitants du Petit-Chenois : M. Messad qui perd la tête, Mme Laib qui a fait un AVC, Mme Berberouch avec son déambulateur et son voile à paillettes, Mme Sakek qui a Alzeihmer… Un défilé tremblant, à tout petits pas, dans le tic-tac des cannes.

Les dames se sont assises sur des transats, comme elles le font depuis des décennies, sauf qu'elles ne parlent plus, ou surtout avec les yeux. M. Zerbiche, qui ne tient pas debout, est dans sa voiture, phares allumés dans l'éclat brun de l'asphalte mouillé, et Mme Boughazi, qui ne peut plus sortir, a roulé son fauteuil devant la fenêtre. Nicole, 70 ans, est venue en autobus : elle passe dès qu'elle peut dans son ancien immeuble, les voisins l'ont surprise mangeant le midi dans l'escalier. Mme Attaouch bourre ses poches avec les gâteaux du buffet – c'est la fin du mois – et Nadia

68

cherche quelqu'un qui lui prêterait 20 euros. « *Est-ce que je dois commencer à prendre mes médicaments contre la dépression ?* » demande Mme Ruiz.

Aux réunions, Abdelkrim Rabahi ne parlait que des « *envies de rester* » à cause des souvenirs. « *C'était difficile à comprendre* », dit Dominique Carat, qui défendait alors des départs dans de bonnes conditions. « *On a fini par réaliser que la plupart ne bougeraient pas parce qu'ils ne le peuvent plus, physiquement.* » Avec Jacques, ils ont décidé de les soutenir. Abdelkrim Rabahi jette un œil à « sa » cage d'escalier, impeccable. Il pense à l'autre appartement qu'on lui a proposé, 50 euros plus cher, ce qui n'est pas rien. Là-bas, il serait un nouveau dans l'immeuble, il faudrait repartir de zéro, se faire accepter. « *Je ne peux plus. Ici, il ne reste plus que les faibles et les plus forts.* » Le Petit-Chenois est le seul immeuble à s'être révolté.

« Qu'est-ce que je viens foutre là-dedans ? »
11 novembre 2013

Il ne se passait pas de semaine, à cette époque, sans une manifestation dans les rues, et tous se sentaient forts, portés par cette effervescence, galvanisés par les sondages qui donnaient 77 % des Français contre la refonte des retraites. On allait le faire plier, sûr. Lui, c'était Nicolas Sarkozy, juste arrivé à l'Élysée.

Un de ces jours de défilé, quelques-uns de Roanne, dans la Loire, se retrouvent vers 4 h 30 du matin pour peindre des graffitis sur le trajet du cortège, cinq amis dans une petite aube froide, tous de la CGT. Cristel est la seule fille, elle sent son enfance qui remonte, le souvenir des banderoles qu'elle déployait glorieusement avec son père, dirigeant syndical. C'étaient les années 1980, quand les grandes usines de Roanne commençaient à fermer les unes après les autres, la ville entière battait le pavé. Plus tard, Cristel a ramé pour trouver du travail, personne ne voulait faire travailler « la fille Coste ». Pour ces moments aussi – ou peut-être surtout pour ceux-là –, une nostalgie l'envahit, comme un attendrissement. Cristel a fini par être embauchée à l'hôpital, agent de service, pas étonnant puisque les hôpitaux sont devenus les plus gros employeurs locaux.

Il doit être 6 heures du matin quand deux voitures de police s'arrêtent à la hauteur des cinq en train de taguer « *Casse-toi pov'con* ». D'habitude, ça se passe bien avec les uniformes, certains agents des renseignements généraux sont même devenus des amis. À Roanne, ancienne ville ouvrière, la CGT reste une institution, subventionnée par la mairie depuis la Libération, quelle que soit sa couleur. Cette fois, on conduit les syndicalistes au poste. Tous commencent par trouver ça « *marrant* », d'autant que Serge Lenoir, patron local de la CGT, harcèle les officiels. Quand les cinq sortent, il n'est pas 8 heures, et Cristel s'indigne surtout du « *matériel pourri, indigne de policiers* ». C'était le 23 septembre 2010, chacun croit en rester là. Trois ans plus tard, François Hollande a succédé à Nicolas Sarkozy à l'Élysée, mais, de procédure en procédure, les cinq en sont cette semaine à leur troisième procès, risquant cette fois un an de prison avec sursis. Serge Lenoir cherche toujours la raison de cette escalade. « *Ce serait politique ? Mais dans quel but ?* » Lui trouve l'affaire « *si con* » qu'il peine de plus en plus à rédiger les tracts.

À l'hôpital de Roanne, Gérald travaille avec Cristel, 1 400 euros par mois. À l'époque, il vient d'être titularisé et s'est dit : « *Maintenant je peux me permettre de me syndiquer.* » L'opération « Casse-toi pov'con » signe ses débuts de militant. Il sent sa vie basculer au premier procès, le 13 septembre 2011 : il y a certes les 2 000 euros d'amende avec inscription au casier judiciaire, mais surtout cette impression d'avoir au front l'étiquette « Délinquant ». Dans certains lieux publics, il lui semble que le silence se fait dès qu'il entre. Il en parle à la famille, la trouve réticente, surtout anxieuse de protéger les enfants.

Un an plus tard, en appel à Lyon, les choses se retournent : reconnus coupables, les cinq sont dispensés de peine. C'est pas gagné, mais on fait comme si : à la Une de *L'Huma*, Gérald affiche avec les autres le V de la victoire.

« Et la vie reprend, aussi terne qu'avant, mais au moins on souffle un peu », raconte Ginette. Elle, c'est la femme de Christian, un autre des cinq. Christian, lui, travaille dans l'armement, *« une des dernières grosses boîtes avec des acquis sociaux »*. À Roanne, en quelques années, les 55 000 ouvriers, entre le textile et la métallurgie, sont tombés à moins de 5 000.

Quand Christian reçoit une nouvelle convocation, en mai 2013, il ne comprend pas. Il doit se plier à un prélèvement d'ADN, comme le procureur peut le demander dans certaines procédures. L'ADN ? Le fichier des pédophiles ? *« Qu'est-ce que je viens foutre là-dedans ? »* Les cinq ont reçu le même courrier. Tous refusent.

Le lendemain, Cristel est conduite en garde à vue, enfermée dans la geôle. Elle ne trouve plus ça marrant du tout. Un coup de fil prévient les autres. Christian court à la voiture, criant à Ginette : *« Roule et évite les grandes routes, on est recherchés. »* Avec les autres, il se cache dans le local syndical, *« une journée encore plus intense que celles où du matériel avait été brûlé pendant un conflit dans la boîte »*, dit Christian. *« À l'époque, on s'était arrangés entre soi pour qu'il n'y ait pas de suites, comme d'habitude. »*

Le procès pour refus d'ADN s'est tenu le 5 novembre à Roanne. En soutien, la CGT a fait venir 10 000 militants de toute la France. Sous la pluie, un orateur lance : *« Poursuivre une seule personne de la CGT, c'est nous poursuivre tous »*, et, sur la scène, les cinq lèvent les bras comme des boxeurs, sauf Gérald.

« Au fait, la réforme des retraites, où elle en est ? »

demande, côté public, un ouvrier des Fonderies du Poitou. Personne ne sait exactement. *« On ne mobilise plus là-dessus »*, coupe quelqu'un. Un autre : *« Les grands thèmes, ça ne marche plus. »* Un agent EDF, venu de l'Ain, présente un collègue : *« Voila la nouvelle garde. »* Le type a 35 ans et s'excuse : *« Les plus jeunes ne viennent pas chez nous. »* Chez Bel Maille, à Roanne, David explique que beaucoup sont au Front national.

Pour refus de prélèvement, les cinq risquent un an de prison, bien plus que les 3 750 euros d'amende encourus à l'origine pour les tags. Dans cet emballement, Karine Thiebault, leur avocate, voit surtout *« une chaîne pénale qui continue toute seule sur sa lancée »* et une seule politique : *« Celle du chiffre. »*

En rentrant du tribunal, les cars CGT passent devant le siège du FN, locaux neufs, inaugurés en fanfare trois jours plus tôt par une femme qui n'a pas 30 ans.

Joe et Marie just married
13 décembre 2013

Le café surgit au détour d'un col, isolé, à une dizaine de kilomètres de toute habitation. À une table, une dame en chapeau de feutre sirote son café-crème. Elle doit avoir 70 ans. *« L'autre jour, nous avons eu un mariage à Thines : c'est notre aubergiste qui a pris conjointe. »* Elle ménage un silence, paraissant sûre de son effet. Puis, d'une voix plus forte : *« Les mariées sont deux femmes. »* Près du bar, un ouvrier agricole se racle la gorge : *« Pour les hommes, on est déjà plus habitués. » « Oui, mais chez nous ce sont deux femmes ! »* tranche la dame au chapeau, fièrement. *« On est des petits coins, on croit qu'il ne se passe rien. Et voilà ce qui nous arrive : deux femmes se sont mariées au hameau. »* Maintenant, tout le café, c'est-à-dire l'ouvrier agricole, le patron et sa mère, se tourne vers la dame au chapeau. Et elle triomphe : *« C'était le premier mariage de ce genre dans toute l'Ardèche et j'y étais ! »*

Thines, c'est neuf habitants dans des maisons de pierres sèches, en équilibre sur un rocher, le ciel par-dessus, l'à-pic par-dessous, démesuré l'un comme l'autre. Hormis quelques sentiers, où des ânes ne se croiseraient pas, deux routes mènent au hameau et toutes deux s'y arrêtent. L'auberge est là, suspendue au bout des pistes. Longtemps, un couple l'a tenue avec succès, vivant du tourisme, jusqu'à ce que le mari parte avec la serveuse.

Un matin – il y a trois ans peut-être –, des visiteurs ont débarqué : la rumeur voulait qu'une femme, candidate pour l'auberge, soit parmi eux. Dominique, un retraité, peste encore de s'être fait avoir ce jour-là. *« Je lui ai dit bonjour monsieur, comme tout le monde. »*

Elle s'appelle Georgeline, mais on dit « Joe ». Elle parle fort. Elle rit encore plus fort. Elle déploie le drapeau arc-en-ciel, celui des homosexuels, sur le fronton de l'auberge. Elle reçoit des femmes, beaucoup et pas longtemps. Dans le coin, il faut aller jusqu'à Nîmes et Aubenas pour trouver une boîte de nuit ou pousser à Montpellier pour la Gay Pride. Certes, on connaît deux femmes vivant ensemble plus bas dans la vallée, *« mais elles ne se font pas voir »*, dit un voisin.

Chacun a pronostiqué que *« cet étalage ne serait pas bon pour le porte-monnaie de Joe »*. Il a pourtant fallu se rendre à l'évidence : la nouvelle aubergiste revendiquait d'être *« comme ça »*, *« de ce genre qu'on n'aurait jamais cru voir au hameau »*.

Qu'on soit « comme ça » – ou pas « comme ça » –, le premier qui vous juge, à Thines, c'est l'hiver. Ici, on connaît la chanson des promeneurs d'un jour : ils ont le coup de foudre pour l'endroit, se toquent d'y vivre. Quelques-uns le font. Mais l'automne arrive vite avec ses pluies torrentielles, puis vient la neige, coupant la route vers Les Vans, la grande ville avec ses 3 000 habitants, le premier médecin et le premier boulanger, au bout de 105 virages et 20 km. Alors le silence tombe sur les hameaux, un silence absolu qui ensevelit tout. La vie se ralentit. S'immobilise. Plus rien ne bouge, ni homme ni bête. La plupart des visiteurs repartent avant le printemps.

Joe, 50 ans, passe le premier hiver. Et un autre. L'auberge ne fait pas fortune, mais Joe possède une gentillesse désarmante, charriant le bois des plus âgés, aidant l'un ou l'autre. En échange, on commence à lui prêter une brouette, puis quelques outils. Après le troisième hiver, les voisins ont estimé pouvoir la prendre au sérieux et ne plus sursauter quand, en public, elle embrasse quelqu'une à pleine bouche. En mars 2013, la France entière débattait du mariage pour tous, quand les voisins ont vu une femme – encore une ! – à l'auberge avec Joe, même âge, cheveux courts aussi, mais mince, l'allure légère d'un galopin. Denis, le maire du hameau, a demandé à Joe ce qu'elle pensait de ce fameux mariage. Le rire tonitruant de Joe a répondu.

« *Macho* », a blagué Denis.

Et Joe, directe, façon boxeur :

« *J'assume.* »

Dans le pays, la boutade a plu, contribué même au prestige de l'aubergiste. Ici, on serait plutôt « contre » le mariage pour tous, mais avec des raisons parfois contraires. Installés dans le seul logement social de Thines, Michel et Marie-Jo trouvent peu de mots pour dire leur opposition, forte pourtant. Il est sculpteur, elle fut enseignante, ils évoquent la religion (beaucoup), la tradition (un peu). « *On n'est pas contre les gens, mais contre l'acte.* » Eux se sont mariés pour des raisons administratives, juste quatre témoins et des brochettes d'agneau.

Pour Denis, le maire, la contestation est franchement politique : il n'a jamais pris le mariage au sérieux, quand bien même serait-il « *pour tous* » et lui qui célèbre l'union des autres s'y est toujours refusé pour lui-même. Arrivé en Ardèche avec la vague de 1968, Denis est un « *ancien marginal* », comme on continue à dire ici, devenu entrepreneur en maçonnerie.

À l'été 2013, en pleine saison touristique, il se murmure que Joe va annoncer du nouveau. *« Tout le monde a cru à son départ »*, se souvient un voisin. Quelquefois, elle avait laissé poindre une lassitude ou la difficulté de tenir seule l'établissement. *« On s'est affolé à l'idée de la perdre »*, continue le voisin. Quand Joe a proclamé son prochain mariage avec le galopin – lequel se prénommait Marie –, tout le monde a finalement été soulagé.

Dans l'automne tardif, le jour des noces arrive enfin. Le hameau découvre que Joe a une fille, Magali, 30 ans. Elle s'inquiète : *« Pourvu que maman ne mette pas de robe. »* La fille n'a vu la mère qu'une fois en tailleur-talons hauts, après un pari quand elle était enfant. *« Terrible »*, elle dit.

Joe a vu grandir une belle-fille, qui avait quitté son père pour habiter avec sa mère, en ménage avec Joe. *« On vivait dans le milieu homo de Lyon et on vivait bien. Toute morveuse que j'étais, je me révoltais dès qu'on les critiquait. »* La belle-fille finit par s'en aller : elle aime les hommes, veut un enfant, une famille. Le père de son garçon n'est pas resté. *« Aujourd'hui, pour mon fils, Joe est devenu le modèle. Il lui pique ses caleçons, elle lui apprend les mots des hommes. C'est avec elle qu'il parle filles. »*

À la salle municipale, Joe et Marie arrivent main dans la main, veste noire et veste blanche. Denis, le maire, se donne du mal pour adapter le cérémonial à la nouveauté de la situation : *« Chacune garde son nom, sans doute ? »*

Joe coupe court : *« Non, on prendra le mien, Borgerie, et c'est très bien. »*

Denis sourit. *« Je vois, le mariage pour tous mais l'autorité pour une seule. »* Il est bien plus ému qu'il n'aurait cru.

Les villageois restent d'abord entre eux pendant le vin d'honneur. « *Ça me rappelle quand les marginaux sont arrivés* », dit un voisin. À l'époque, les familles d'Ardèche envoyaient leurs enfants à la ville, sûres de leur garantir un avenir meilleur. « *Et voilà qu'on a vu débarquer une bande de débraillés, les enfants des autres, qui croyaient trouver le Pérou. Il faut reconnaître qu'ils nous ont donné d'autres façons de voir.* »

Un autre relance : « *Maintenant, il y a les homosexuels. Il faudra s'habituer aussi. J'ai l'impression qu'ils s'affichent davantage avec cette nouvelle loi, non ?* »

C'est à ce moment-là qu'entrent quatre femmes en blouson de cuir noir. « *Salut Joe* », lance la première, que les autres appellent tantôt « *Nounours* », tantôt « *Roger* ». Elle continue : « *Il faudra que tu m'expliques, Joe : tu vis dans un patelin de neuf habitants et tu te maries alors que nous, à Lyon, on ne trouve rien à draguer.* » Joe lui tombe dans les bras. « *Les bars sont pleins de gamins de 18 ans, pas plus homos que les autres, mais qui trouvent que c'est la mode* », soupire un autre blouson de cuir, une belle fille blonde.

Un temps, Joe avait rêvé d'un mariage à l'église, un vrai. L'affaire paraissait jouable, grâce à Ferdinand, l'ancien prêtre de Thines. Ferdinand est venu dans la région en 1981, tout habillé de blanc, jeune et tendre, prêchant de hameau en hameau devant six ou sept paroissiens, un peu plus pour les enterrements. Vingt ans plus tard, le 11 novembre 2001, après la messe, Ferdinand annonce qu'il n'officiera plus et part faire sa vie avec Christian, un coiffeur de Vallon-Pont-d'Arc. « *Tu ne peux pas continuer tout de même ?* », s'est étonnée Mme Roques, 80 ans. Ferdinand est devenu homme de ménage. En terminant son kir, il explique à quelques invités désappointés avoir finalement renoncé à bénir Joe et Marie « *par peur de choquer* ».

Il s'est mis à pleuvoir et, à l'auberge, la salle est inondée quand la noce y arrive. Personne n'y prend garde. Il y a du foie gras, de la soupe de cèpes et de quoi banqueter pour trois jours.

Marie, la mariée, est pâle et timide, plus volontiers à la cuisine qu'au buffet. Aucune de ses connaissances n'est venue. *« Trop loin »*, dit-elle. Marie a été agent des impôts à Paris, conductrice de bus à Quimper avant de tout liquider pour une rencontre sur Internet avec une restauratrice des Vans. Joe est venue, un jour, boire un café chez elle. *« Je la connaissais de réputation, une gueule. Mes jambes se sont mises à trembler en la servant. Elle ne m'a pas vue du tout. »*

« Si, j'ai vu ton cul ! » claironne Joe, avec son grand rire.

Il a fallu un an à Marie pour oser l'aborder. C'était un jour de marché, Joe s'était entichée d'un petit chien et Marie s'est jetée à l'eau : *« Et moi, tu ne veux pas m'adopter ? »*

Dans l'auberge, les invités dansent dans les flaques, Christian le coiffeur avec une retraitée, les blousons noirs de Lyon avec de jeunes agriculteurs. En 2012, les seules noces sur les trois hameaux (260 électeurs) ont uni un jeune couple qui a divorcé depuis.

Dans le café, la dame au chapeau de feutre termine son crème. Elle n'aime pas qu'on dise être « pour » ou « contre » ces mariages-là. *« Si mon fils avait été comme ça, je ne lui aurais pas fermé ma porte. Cela peut atteindre toutes les familles. »* Et elle se souvient de ses noces à elle avec un ouvrier pauvre de Saint-Pierre. Sa mère s'y était opposée et, jusqu'au dernier moment, on s'est demandé si elle viendrait. Elle-même portait diadème, voilette et gants. Tout a été vendu au vide-grenier pour nourrir les chats du hameau.

Séparer Bongrain de l'ivraie
23 décembre 2013

À Bougon, dans les Deux-Sèvres, la laiterie se trouve en contrebas, entre l'église et la rivière, à peine plus grande que les fermes tout autour. On y fait du fromage, surtout du chèvre, dont le fameux Bougon bien sûr, portant le même nom que le village et fabriqué selon une méthode traditionnelle que chacun se plaît à détailler interminablement aux visiteurs. *« À la maison, manger autre chose que du Bougon aurait été inconcevable : il y en avait le midi, le soir, et même au goûter »*, dit Caroline Comte. Chez son mari, dont la famille fait de la vache du côté d'Exoudun, c'était plutôt camembert la semaine et Bougon le dimanche. En tout cas, leur élevage – 200 chèvres blanches – fournit la fromagerie depuis quatre générations par le biais d'une coopérative agricole, Terra Lacta.

Un matin d'octobre 2012, vers 7 heures, la radio a annoncé que 51 % de la coopérative en question, regroupement d'éleveurs fondé sur la solidarité, passait sous le contrôle de Bongrain, une multinationale. C'était juste avant la traite, Caroline Comte s'est retrouvée au milieu de ses chèvres, soudain replongée dans cette solitude qui l'avait tant frappée à l'âge de 20 ans, quand elle s'était trouvée dans le huis clos de la ferme, entre ses parents et ses grands-parents. D'un coup, plus de sorties, plus de copains, restaient les réunions du Groupe caprin, éminemment techniques, mais au moins entre êtres humains. Ce jour-là, dans l'étable, Caroline Comte a réalisé n'avoir jamais regardé « comment ça travaille dans la fromagerie » de Bougon, 200 habitants, où elle a passé sa vie.

En cette fin d'année, le directeur n'est pas dans la fromagerie pour l'instant, il est allé sortir d'un fossé la voiture d'une employée. À part lui, il n'y a ni secrétaire ni standardiste, juste 56 ouvriers « sans gros salaire, mais à la campagne, on y arrive parce qu'il y a moins de tentations », dit l'un. À l'époque où les fermes n'ont plus fait travailler tout le monde, les parents étaient contents de placer leurs enfants à « l'usine », comme on l'appelle ici. On a même fini par les jalouser, avec leur salaire fixe et leurs congés payés.

Chaque village ou presque avait sa fromagerie.

Voici quelques années, elles ont commencé à fermer ici ou là. « Et pourquoi pas ? » ont avancé certains ouvriers à Bougon. « Il faut bien diminuer les frais de structures, non ? »

Puis, à Bougon aussi, les rumeurs se sont mises à enfler. Envoyée de Paris, une jeune femme est venue expliquer que l'usine serait vidée le 31 mars 2014, personnel et matériel. Elle ne doit pas avoir 30 ans, ça crie de partout, mais elle raconte sans se démonter comment les quinze usines de Terra Lacta seront bientôt remodelées avec 250 licenciements en tout. Un ouvrier n'arrive pas à en détacher le regard. « Encore une qui deviendra méchante à 50 ans, c'est notre faute à tous, on les rend comme ça. »

À Bougon, pas un débrayage. Personne non plus ne veut dévoiler son nom, même pour vanter ce travail, dont on se félicite. Dans ce silence, tout se mélange, les grandes choses et les minuscules, le passé huguenot des Deux-Sèvres, *« où on meurt, mais surtout sans se faire remarquer »*, et la peur de voir supprimées les primes de départ et les reclassements. Un syndicaliste se souvient aussi de la grève de La Mothe, la seule dans une coopérative, où les agriculteurs avaient remis les ouvriers au travail, fourche à la main, criant : *« Vous nous coûtez déjà assez cher. »*

À 20 km de Bougon, Patrick Charpentier est à la fois éleveur, maire et vice-président de Terra Lacta. Il défend l'arrivée de Bongrain, maniant avec grandiloquence les termes de « mondialisation » ou « marchés des pays émergents » : *« Jusqu'à présent, cela se passait dans le textile. Maintenant, c'est chez nous. »* Il connaît bien les coopératives, particularité régionale qui a sauvé des générations de la misère. Il y en a eu jusqu'à 150, d'abord associées, avant de se dévorer entre elles pour ne plus rester qu'à cinq. Il tranche : *« Aujourd'hui, l'économie a supplanté l'histoire. »* Selon lui, Bougon sera désormais spécialisé dans les fromages artisanaux, avec des salariés d'une autre laiterie. Plus de 90 % des éleveurs de Terra Lacta, dont 600 de chèvres, ont voté en faveur de l'arrivée de Bongrain.

Sur la seule année 2012, la surproduction a fait fermer 13 % des exploitations de la filière dans la région. Tout le monde connaît au moins quelqu'un qui a perdu pied, privant les enfants pour essayer de sauver la ferme, avant de finir par ne plus remplir les papiers, se laissant sombrer doucement, sans rien dire à personne. Du coup, pour la première fois en Charentes-Poitou, leader français, le fromage de chèvre manque dans les hypermarchés pour Noël. Le prix du lait s'est remis à monter, ces derniers temps. *« On se sent nécessaire, comme avant »*, dit un agriculteur. *« Est-ce que ça durera ? On joue notre peau, alors s'il faut licencier à la fromagerie...* » Lui habite pas loin d'une charcuterie industrielle, où des porcs de Bretagne ressortent en jambon estampillé « Bayonne » – grâce à l'appellation contrôlée qui court jusqu'à Poitiers – avant d'aller se faire affiner au Pays basque. *« On triche sur tout »,* il dit. *« Alors, qu'est-ce que ça peut me faire que mon lait aille dans du Bougon ou dans un autre fromage, tant que je paie mes échéances ? »*

Avec quelques autres, Caroline Comte a fondé de son côté l'association « Les amis du Bougon-boîte », pour le maintien de l'usine en l'état et la fabrication de ce fromage spécifique. Pour la première fois de sa vie, elle a pris la parole en public. *« Elle s'est affirmée, je ne la reconnais plus »,* dit sa mère. Caroline reste étonnée d'avoir découvert des ouvriers à la chaîne aimant autant leur métier qu'elle. Rares sont ceux qui font partie de l'association. Celle-ci avait organisé pour eux une soirée théâtrale de soutien. Certains se sont fâchés : ils ont cru qu'on se moquait d'eux.

La tournée du dépanneur
3 janvier 2014

Est-ce que la France va exploser ? On ne descendra peut-être pas dans la rue, on restera calme mais, à la fin, ce sera quand même un genre de révolution qui renversera tous ceux qu'il y a là-haut et qu'on ne sait plus comment nommer.

Pierre a les mains posées sur le volant, sa camionnette fait du surplace derrière une benne à ordures. Autour, ça klaxonne tellement fort qu'on entend à peine *Les Grandes Gueules*, qui se disputent sur RMC à propos de la dernière information sur Leonarda, cette lycéenne expulsée avec sa famille sans papiers.

Les rues défilent, pierres meulières et haies taillées, la banlieue parisienne des pavillons, un peu Doisneau, un peu Céline, touchante sous le ciel pâle. Pierre connaît le grincement de chaque portail. Il voulait vivre et réussir là où il a grandi lui-même. Le Dépanneur du foyer, spécialiste dans le chauffage, compte 11 salariés et 7 000 clients, rien que des particuliers. Pierre aime commencer ses phrases par : *« Nous, les chefs d'entreprise... »*

Pierre vient de réparer la chaudière chez un client, le premier du matin. Pendant qu'il sortait les outils, la conversation s'est mise à rouler sur les licenciements, toute seule, comme on parlerait du temps. *« Il paraît qu'ils préparent un plan chez nous »*, raconte sans émotion le client, un grand type de 40 ans qui travaille dans les assurances. Il a prévu de partir en Pologne, si ça lui tombe dessus. *« Vous parlez polonais ? »* a demandé Pierre. Pierre a une bonne tête. Beau mais pas trop, quelque chose de fraternel dans le regard, le genre d'homme à qui on confierait son fils à l'entraînement de football le samedi, ce que Pierre a d'ailleurs fait pendant des années. Le grand type répond : *« Non, je ne connais pas la Pologne. »* Lui va surtout en Normandie, dans sa famille. *« Mais on m'a dit que c'était bien là-bas. »*

Un peu plus tard, une autre cliente attend Pierre, peignoir rose, petite retraite. Il parie qu'elle va lui parler des impôts, comme tout le monde. Les taxes du Dépanneur viennent d'augmenter de plus de 15 %. Certains clients se chauffent et se lavent de moins en moins.

La radio continue de parler de Leonarda. Tête dans la chaudière, Pierre commente : *« Les Français ne sont pas racistes. »* La retraitée réfléchit : *« Si, moi, un petit peu : regardez, ils prennent toute la place, même dans les médias. »* Elle regarde par la fenêtre, fière de son pâté de maisons, *« sans trop de gens de couleur »*.

Dans l'escalier, on entend la femme de ménage. Elle travaille au noir, ça va sans dire, comme le jardinier à côté. Même le pressing n'accepte plus que le cash. Avec la TVA à 10 %, une autre partie du pays est en train de prendre le maquis fiscal, pas les riches, mais la France de la bricole, les pas-vraiment-salariés, les un-peu-à-leur-compte. La retraitée prépare son chèque. *« Vous me le laissez en blanc ? »* plaisante Pierre. Elle s'émeut : *« Si vous aviez besoin, oui, je vous donnerais tout ce que je peux. »* Elle cherche un chiffre qui marque. Puis annonce : « *100 euros* », étourdie elle-même par le nombre de zéros.

Le portable de Pierre sonne. Le Dépanneur du foyer a peut-être trouvé une nouvelle recrue. L'entreprise en cherche deux. Du travail, il y en a. Du personnel, non. Pas de candidat. Il y a deux ans, Pierre avait déjà ramé pour embaucher Jean-Étienne, bac pro énergétique. Le salaire avait étonné le lycéen : 1 800 euros net sur treize mois. « *C'est tout ?* » il avait lâché. Au lycée, les professeurs leur répétaient : « *Vous faites un métier porteur, vous n'aurez qu'à claquer des doigts.* » Tous se voyaient un peu comme « *des footballeurs, des acteurs, voire des journalistes, bref un truc tranquille qui paie bien* ».

Dans sa classe, ils sont quatre sur vingt à avoir continué dans le chauffage, les autres sont devenus livreurs ou chauffeurs de bus, quitte à perdre 300 euros. « *Les jeunes préfèrent les grosses boîtes, avec les 35 heures, les RTT et pas de prises de tête* », dit Jean-Étienne.

« *Qu'est-ce qui va se passer si tout le monde vote Front national ?* » demande Pierre à un professeur d'histoire, tout en démontant sa chaudière. Le prof se lance dans la guerre d'Espagne et l'Occupation, puis conclut : « *Ne vous inquiétez pas : les Français s'arrêteront juste avant.* »

Pierre pense à son infarctus, quand il a eu 45 ans, l'année où tout partait de travers, surtout son fils au lycée. Il défendait la mixité sociale à l'époque, comme quand ils étaient jeunes, sa femme et lui. Ils se sont connus à 13 ans, voisin-voisine, même demi-misère. C'est elle qui tient les comptes aujourd'hui, le fils est devenu chauffagiste, le Dépanneur fait vivre la famille. Dans la camionnette, la radio annonce une nouvelle mesure gouvernementale, le crédit d'impôt compétitivité-emploi. Pierre ne le prendra pas. « *Trop de temps en travail administratif, on n'est pas assez compétents.* » Les infos sont déjà reparties sur Leonarda.

Le dernier rendez-vous de la journée est un jeune couple qui vient d'emménager, hauts revenus, jeunes enfants. Ils trouvent la ville « *géniale* », la mixité « *harmonieuse* ». Pierre lève le nez du radiateur : « *Votre fille ira au collège ici ?* » Le père sourit, incrédule : « *On déménagera, bien sûr.* » Alors Pierre : « *C'est chez moi, ici. Comment on fait, nous qui restons ?* »

Au bureau du Dépanneur, les gars rentrent un à un. Chacun demande à Pierre : « *Bonne journée ?* » Pierre se dit que c'est un jour où on voudrait « *tout voir péter* ». Il les regarde, Jean-Étienne qui n'arrive toujours pas à remplir les papiers, Bruno si souvent malade ou Atar, la perle du Dépanneur. Une bouffée de chaleur inonde sa poitrine. « *Je ne vais quand même pas les laisser entre les mains d'un grand groupe...* » Et il répond : « *Oui, bonne journée.* »

« Si j'étais Gérard Depardieu »
27 janvier 2014

« Allô, je voudrais parler à monsieur le maire.

– À quel propos ?

– Cela concerne les cercueils qui ont apparu dans le bourg.

Silence.

– Vous ne voyez pas ? Il s'agit de ces cercueils que certains commerçants mettent dans leur vitrine, avec l'inscription : "Morts par la France".

– M. le maire vous rappellera », répond l'employé de la mairie.

M. le maire est dans une grande surface de la rue d'Amiens, pour les stylos en promotion à 3,99 euros. Depuis plusieurs années, il voit monter la colère à Breteuil, 4 500 habitants, dans l'Oise, *« quelque chose de froid »*, qui se répand silencieusement comme un poison, sans qu'on sache comment l'arrêter. Lui-même se sent gagné. Il a toujours *« navigué à droite »*, mais vient de couper les ponts avec *« les grands partis qui bloquent tout »* pour prendre l'étiquette *« dissident »*. *« C'est la seule qui marche aujourd'hui, sauf le Front national bien sûr »*, estime un conseiller municipal.

À Breteuil, le premier cercueil – un vrai, en bois blond verni – est apparu un peu avant Noël à la vitrine du Celtic, le bar-tabac d'Isabelle et Laurent. Au début, il a choqué, avec ces mots écrits sur le couvercle, en manière d'épitaphe : « *Ceci est l'avenir de vos commerçants, fusillés par l'impôt, tués par l'État.* »

Très vite, Breteuil s'y est fait. « *Chez nous, on ose* », revendique même un apprenti en boulangerie qui fait la queue pour des cigarettes. Le tabac commence à manquer dans la région depuis la grève au dépôt de Seine-et-Marne. Les employés y bloquent les camions, la scène passe en boucle sur l'écran plat du Celtic, accroché près du comptoir. Isabelle et Laurent l'ont installé parce que les taxes sur la télé sont moins chères que sur la radio. Ils font le service tous les deux, débordés, le bar est plein dès 5 h 45. À Breteuil comme ailleurs, les commerces tournent pour l'essentiel avec un petit peuple de stagiaires et d'apprentis, payés en lambeaux de SMIC ou alors pas du tout, choisis de préférence parmi les enfants des voisins « *parce que c'est une chance quand même* », puis congédiés dès le temps de formation dépassé.

Il y a trois ans, les 20 000 euros que Laurent a gagnés au Blackjack ont miraculeusement sauvé le Celtic. Isabelle s'excuse auprès des clients. « *On ne se permet plus d'avoir du stock de cigarettes, avec les augmentations.* » Un autre apprenti, en charcuterie cette fois, veut la mettre à l'aise, poliment. « *Ne vous inquiétez pas : on ne s'approvisionne presque plus chez vous.* » Il va jusqu'en Belgique, une heure trente de route, la sortie du dimanche, en bande, avec ce pincement au cœur dont il raffole en traversant la frontière, « *l'impression excitante de faire un bras d'honneur aux politiques comme si le coffre était plein d'armes ou de billets* ». On en vient à parler de mygales : l'animalerie, plus bas dans la rue, en vendait jusqu'à 80 par mois avant leur interdiction. « *Maintenant, il faut se les procurer en Allemagne, un pays où tout reste possible »*, explique un petit avec des lunettes. Il ajoute : *« Si j'étais Gérard Depardieu, je m'installerais là-bas. »* Lui est stagiaire dans le BTP.

De l'autre côté du rond-point, Eric tient le salon de coiffure et préside le club de country. *« Un battant »*, dit-on de lui. Quand il a vu le cercueil d'Isabelle, il a voulu le sien. *« Pourquoi ? »* demande la jeune femme à qui il rince les cheveux. *« Pour montrer mon mécontentement sans faire de casse. »* Eric se lance dans le calcul du 4e trimestre, où il a payé 7 135 euros de taxes, contre 6 439 le précédent, sans que ses tarifs ou le nombre de ses employés aient varié. *« Tout est pris par l'État »*, se fâche le coiffeur, appuyant sur le dernier mot comme s'il nommait un ennemi personnel. La jeune femme espère être embauchée comme employée de ménage par le conseil général. *« C'est dur, pourtant ils ont de l'argent, eux. »*

À une vingtaine de kilomètres, à Longueau, le frère d'Isabelle du Celtic tient une brasserie. Elle y va en voiture, à travers les coteaux et les villages de brique rouge, comme dans le Nord, en plus coquets peut-être. C'est son frère qui a lancé la mode des cercueils et continue de fournir tout le monde : un client les lui cède pour 20 euros, recyclant des modèles trop abîmés pour la vente.

Ce midi, le menu affiche un potage au chou-fleur et une blanquette de veau. Comme d'habitude, la salle sera complète. Il n'y arrive plus, pourtant, malgré ses deux stagiaires gratuits. Lui-même a arrêté de se payer quand la banque lui a retiré l'autorisation de découvert. Il ne le cache plus maintenant, tant pis si les voisins le jugent. Sa grande toque blanche de cuisinier tombe sur ses yeux bleus, il regarde la mairie, de l'autre

90

côté de la place, sous le ciel couleur d'ardoise, et se souvient du temps, pas si lointain, où lui aussi votait communiste. Le frère a entamé une procédure pour se désinscrire des listes électorales.

« *Dis donc, il te reste un cercueil pour le boulanger de Breteuil ?* » demande Isabelle. Un électricien, la maison de la presse, un restaurant ont déjà pris le leur. À Longueau, au Crotoy ou à Albert, d'autres ont commencé à apparaître. Un soulèvement commencerait dans le Nord, croit-on savoir.

Personne n'émet l'idée, pourtant, de participer au « Jour de colère », ce dimanche, à Paris, où chacun est appelé à manifester pour ses propres revendications. « *Pas confiance* », dit un concessionnaire. Il est sûr que sa révolte aussi, on voudrait la lui piquer.

L'appel au boycott qui alarme l'école
30 janvier 2014

Au début, les gens se retournaient sur Alix quand elle venait distribuer des tracts au marché d'Asnières (Hauts-de-Seine). Alix est *« une mère au foyer classique »* – c'est elle qui le dit : cinq enfants, un mari dans l'industrie, des cours de catéchisme. Au premier abord, rien à voir avec les HLM des cités du nord de Paris, tout autour. Et rien à voir non plus avec les jeunes gens qui tractent à côté d'elle, Lotfi, par exemple, né et grandi là, aujourd'hui ingénieur en informatique. *« Savez-vous que dans les écoles, on présente des pratiques sexuelles à vos enfants sous couvert de lutte contre l'homophobie ? »,* dit Alix, pour aborder les familles.

Sur le marché, comme aux réunions de quartier sur le même sujet, des parents se bousculent. On écoute. Contrairement aux tracts pour les municipales, celui-là est gardé avec soin. Un homme s'énerve : *« Hors de question d'aller au boulot en laissant mon fils à l'école comme à l'abattoir. »* Un autre : *« Nos gamins vont être déstructurés, je vais devenir fou. »*

Une panique commence à monter, tangible. À chaque fois, c'est pareil depuis que l'association locale « Touche pas à nos gosses » s'est lancée à Asnières, voila trois mois. Lundi 27 janvier, elle a vidé quatre des établissements de la ville, tous dans les quartiers populaires, de 30 % d'élèves en moyenne en relayant le mot d'ordre de la « Journée de retrait de l'école ».

À Asnières, Lotfi est un des initiateurs du mouvement, après être *« tombé »* sur un film d'animation, racontant une histoire d'amour entre deux poissons du même sexe. *« Pourquoi l'Éducation nationale montre ça à nos enfants ? Il faut au moins attendre le collège. »* On est à l'époque des manifestations contre le mariage pour tous.

Ce courant compte une déléguée à Asnières, mais au sud, dans le *« quartier chic »*. Lotfi imagine une maison *« avec des tableaux du XVIIe, comme dans les films »*, redoute une assemblée *« à la droite de la droite »*. Quand il se décide à y aller, il trouve *« les canapés tout simples et la télé petite »*. C'est chez Alix. Lotfi fait sensation en parlant de *« l'école de la République qui met les enfants en danger »*.

Alix et Lotfi commencent à compiler des documents trouvés sur Internet, comme sur Ligne Azur, site contre l'homophobie relayé par l'éducation nationale, où un dénommé Rachid témoigne s'être *« touché avec un moniteur en colo »* et avoir aimé ça.

« Au début, je ne voulais pas le croire », dit Zouhair, 39 ans. Lui, c'est une figure d'Asnières, connu pour ses actions locales, comme un procès gagné contre les HLM pour des charges excessives. Zouhair part à son tour dans les méandres d'Internet. *« Dès le début, on a viré ceux qui parlaient de francs-maçons ou de complots : nous, on veut des explications sur les programmes, c'est tout »*, dit-il. *« Il est possible qu'on se trompe, mais l'école n'a jamais organisé de réunion. On s'est tout de suite fait traiter d'intégristes ou de fachos. Fin du débat public. »* Au-delà des quartiers nord et

sud, on se découvre soudain ce sentiment commun de se faire sans cesse ridiculiser, voire maltraiter, par les institutions et les médias. Alix se trouve bien mieux reçue dans le quartier nord que *« chez les bobos, qui nous méprisent »*.

Le jour du retrait de l'école, certains enseignants d'Asnières tiennent les parents au courant de la mobilisation, *« mais en cachette, sans oser dire qu'ils sont avec nous »*, triomphe une mère de famille. À l'académie de Versailles, une consigne a été envoyée aux inspecteurs, recommandant *« d'appeler la police »* en cas de démarche de parents sur la voie publique.

Tout cela soude encore un peu plus les « pro-retrait » dans une défiance générale contre le système scolaire. Elle vient de loin, selon Lotfi, profondément ancrée ici dans chaque famille. Lui se souvient de son collège du quartier nord, le même que celui de son petit frère aujourd'hui, où la majorité des élèves sont systématiquement orientés vers le technique – mécanique ou électronique pour les garçons, action sanitaire ou vente pour les filles. *« L'école prétend lutter contre les stéréotypes en apprenant aux gamins à jouer avec des poupées alors qu'elle est la première à fabriquer ces discriminations sexistes ou sociales »*, s'amuse Lotfi.

Le lendemain du retrait, les parents ont appelé l'association pour dire leur crainte *« d'être punis »* par l'école. Zouhair explique que la plupart n'ont pas les moyens d'aller dans le privé. Des projets de cours collectifs à la maison sont de plus en plus sérieusement envisagés.

Les mots dans le bocage
3 février 2014

La discussion a démarré sur une bricole, le jouet d'un enfant qui n'était pas rangé, croit se souvenir Carole, mais sans en être sûre. C'était un dimanche de janvier, il y a un an tout juste. Le ton s'est mis à monter, un peu vif. *« De toute manière, rien ne va »* a lancé Emmanuel. *« Même la ferme se casse la gueule. On n'a plus rien. »* Et aussitôt il a filé à l'étable, c'était l'heure de la traite. Dans la salle à manger, seule, Carole se demande si elle a bien entendu. Elle ne s'est jamais préoccupée des bêtes, de l'argent, des terres. Elle laissait ça *« aux gars »*, Emmanuel et Arnaud, les deux frères, levés à l'aube tous les jours. C'était leur monde à eux. Carole essaie d'appeler son mari. Le portable sonne dans le vide.

Emmanuel traverse les prairies, sa Vendée, les coteaux ourlés de haies avec, parfois, une rangée d'arbres droits comme des cierges et un calvaire de pierre au croisement des chemins. Il lui revient cette statistique effrayante, qu'il avait entendue sans comprendre : les suicides d'agriculteurs sont de plus en plus nombreux. Maintenant, il s'enfonce dans le bocage de son enfance comme on se perd. Sur son portable défilent les photos de Carole et des petits. Alors, il se dit qu'il doit rentrer.

Carole l'attend. *« Tu dois avouer la situation aux*

95

autres agriculteurs. Plus tu la caches, plus la rumeur va enfler. » En parler, mais comment ? « *Pour la maladie, on s'aide, dans la région*», pense Emmanuel. « *Mais pour "ça", est-ce qu'on a seulement le vocabulaire ?* » Ici, on a toujours vu les fermiers tomber à genoux, en silence, avec leurs propres voisins pour juges : « *Il n'a pas été capable.* » En parler, donc ? Non, personne ne l'a jamais fait dans aucun village alentour.

Celui-ci s'appelle La Métairie des Brousses, hameau de Saint-Michel – on dit Saint-Micha en patois, encore que les frères ne le parlent pas, sauf parfois pour jurer. « *Il faut faire attention, surtout en présence des femmes*», plaisante Emmanuel. « *Paysan, c'est déjà lourd à porter. Mais on fait les courses à l'hyper-marché, on n'est pas des arriérés. On a suivi des études, nos femmes travaillent à l'extérieur.* » Elles sont en entreprise, toutes les deux, riant de ces couples où l'épouse participe à l'exploitation, « *comme à la télé, dans* L'amour est dans le pré ».

Sur les terres, les maisons des deux frères se jouxtent. Emmanuel est l'aîné, 41 ans, on le croit souvent le cadet, à cause de ce reste d'adolescence dans le modelé du visage, tandis qu'Arnaud, six ans de moins mais plus carré, paraît davantage homme. Ils ont toujours eu envie de reprendre l'exploitation, bien qu'« envie » ne soit pas le terme, une évidence plutôt. Leur propre père était fermier, un tout petit sur les terres des « maîtresses », deux femmes vivant seules au hameau, héritières de la seigneurie. La situation s'était gâtée dans les années 1970, quand les « maîtresses » avaient refusé de payer une salle de bains et des W-C pour la ferme, qui n'en avait jamais eu. Elles avaient fini par mettre en vente, espérant donner une leçon à cet homme moins docile.

Le père avait alors réussi ce que personne n'imaginait : il avait acheté. Cette terre était sa victoire.

« À l'époque, ça tournait bien », se souvient le père. On remboursait sans effort, des emprunts à 3 % sur vingt-cinq ans avec une inflation à 12. Lui s'était lancé dans la vache laitière, la Montbéliard. Il était respecté pour sa prudence et ses tracteurs d'occasion, alors que certains crève-la-faim font des folies pour acheter neuf, ici où on regarde le modèle du tracteur bien davantage que les maisons.

Les fils ont voulu poursuivre l'œuvre du père, lui rachetant la ferme, puis deux autres. Ils y croyaient, *« dur comme fer »*, envisageaient la traite par robot, en association avec le voisin. La crise du lait bloque tout, en 2009. En parallèle, le prix du fuel ou du soja a triplé en dix ans. Les emprunts continuent de tomber, les banques en acceptent d'autres. En Vendée, où 20 % des exploitations sont devenues fragiles, certains vont plonger, tout le monde le sait. Mais pas eux, même le père ne l'envisage pas.

En novembre 2013, quand arrivent 12 000 euros de facture d'aliment pour le bétail, les deux frères sont déjà dans le rouge. Ils mettent trois mois pour en parler à leurs femmes – *« un record de vitesse : certains prennent des années. Ils ont été très courageux »*, dit Marie-Jo, de l'association Solidarité-Paysan, qui les soutient. C'est la femme d'Emmanuel qui l'a trouvée sur Internet, en tapant « agriculteur en difficulté ». Un créancier demande, à la première réunion de conciliation : *« Pourquoi votre père ne reverse pas son capital ? »* Alors, le père, à bout, se lance dans un monologue qui doit le hanter bien des nuits : *« Si je leur avais donné, plutôt que de leur vendre, ils n'auraient pas plongé. C'est vrai. Mais ils ont une sœur aussi.*

Et moi, j'ai capitalisé, sans prendre quarante jours de vacances de toute ma vie. »

L'exploitation est mise en redressement judiciaire. Ça murmure dans le village. Des voitures tournent autour des terres, voir ce qu'il y a à gratter. Arnaud quitte la kermesse du village, fuyant ces regards qui insistent, puis se détournent. *« Je ne peux plus me lever »*, dit un frère. *« Moi non plus »*, dit l'autre.

À la séance de la Coopérative du matériel agricole, Emmanuel et Arnaud se regardent, chacun espérant que l'autre va aborder le sujet. L'aîné a bu un coup, pour s'aider. La réunion va finir quand il se lève : *« Il se dit que nous avons des difficultés. C'est vrai. »* Un silence. *« Cela nous arrivera peut-être à nous aussi, plus tard »*, dit quelqu'un. Un autre silence. On s'en va.

L'autre jour, quelqu'un a osé leur demander conseil, discrètement. Les deux frères restent les seuls à avoir parlé publiquement, en Vendée.

M. le maire a démissionné
10 février 2014

Par-dessus le bruit de la télé, Océane crie dans la maison : *« Mamy, viens voir, monsieur le maire parle sur BFM ! »* Tout aussi fort, Mamy lui répond de finir sa banane et d'arrêter les bêtises. *« Je te jure, Mamy »*, supplie Océane, toujours à plein régime, et Mamy finit par laisser la vaisselle pour venir voir, en s'essuyant les mains sur son survêtement.

Il est bien là, à l'écran, Régis Moreau, campé devant la mairie de Noyant-la-Plaine, 350 habitants, en Maine-et-Loire. Puis iTélé, TF1, France 3 ont débarqué à leur tour. *« Où est le village ? Où est le centre ? »* risque un cameraman en veine de pittoresque. *« Le centre ? Mais tu y es, mon gars »*, a répondu le maire, 65 ans. Alors, tout le monde a toisé la départementale 761, large et droite, qui tronçonne le bourg en deux avant de filer dans un sens vers Angers, dans l'autre vers Poitiers, laissant sur chacun de ses flancs une rangée de maisons au ras du bitume. Derrière se devinent des constructions neuves et puis les champs, à perte de vue.

Le conseil municipal de Noyant-la-Plaine vient de démissionner collectivement, à quelques semaines des élections, provoquant un chambard administratif : les délais pour un scrutin anticipé ont expiré.

Cela fait un moment déjà que les conseillers de

Noyant-la-Plaine voulaient se fâcher. Les hommes surtout. Les femmes moins. *« Qu'est-ce qu'on va penser ? On va croire qu'on veut se faire remarquer »*, répétait l'une. Bien sûr, on a commencé par parler d'argent au dernier conseil. Au fond, c'est le plus facile : la commune n'en a jamais eu. Il y a le dossier de la salle des fêtes, où la nouvelle réglementation impose des portes-qui-s'ouvrent-toutes-seules-quand-on-appuie-dessus et une cuisine tout-en-inox. Il y a aussi la signalisation de l'arrêt de bus – subventions refusées. Dans les catalogues spécialisés, un panneau coûte au moins 10 000 euros. Un artisan a fini par sculpter une manière de totem, gratuitement, et les conseillers ont réalisé eux-mêmes certains travaux à la salle des fêtes.

Il faudrait 700 000 euros pour le tout-à-l'égout. 170 000 de plus pour mettre aux normes le passage clouté et les ralentisseurs de vitesse. Dieu sait combien pour la rampe d'accès pour les handicapés, obligatoire à l'école communale. Le budget de Noyant plafonne à 200 000 euros par an, presque avalés en frais de fonctionnement, l'école, le salaire du cantonnier et des heures de ménage ou de secrétariat.

On pourrait continuer sur le tracteur, trop vieux, réparé dans l'atelier du maire, qui est agriculteur. Personne n'a le courage de l'agacer une dernière fois. La communauté de communes avait convenu d'investir ensemble dans le matériel. Cela ne s'est pas fait, le bourg le plus riche s'étant équipé seul. Le maire a voulu changer de communauté de communes. Cela ne s'est pas fait non plus, avis négatif du préfet.

« On ne peut pas désigner un maire d'office, quand même ? » demande Mamy devant sa télé, vaguement inquiète, pendant qu'Océane trempe sa banane dans le Nutella. Mamy, qui travaille dans un hypermarché,

ne se voit pas maire du tout. « *Comment faire pour changer quelque chose ? Il faut au moins être président du conseil général.* » Soupir. « *Et encore...* » Elle est l'une de celles qui a tenu, parmi la vague venue d'Angers dans les années 2000, attirée par le prix du terrain, dix fois moins cher ici qu'en ville. Presque aussitôt, le prix de l'essence a flambé. Des maisons ont été mises en vente, certaines avant d'être habitées. Mamy a calculé que si la municipalité se met à faire payer le ramassage scolaire, la famille aussi est fichue. Une ou deux demandes d'aide sont arrivées à la mairie pour des factures d'électricité. Le maire n'a pas payé. « *C'était des gens vivant de subventions. Moi, je vénère celui qui travaille au SMIC et qui a un peu de route à faire.* » Dans la zone, un plan local d'urbanisme a été lancé, contesté, puis annulé par le tribunal. Facture pour la commune : 20 000 euros.

En général, l'évocation de ce dossier-là fait exploser les conseillers municipaux. Frédéric Blot, par exemple, viticulteur, 40 ans. Il aime la politique, « *quand ça vaut le coup, comme l'avortement ou le mariage pour tous* ». Après son élection, l'émotion l'a étreint en donnant son téléphone à la préfecture « *pour les cas de force majeure* ». La honte est venue après, assez vite, « *avec les lettres envoyées d'en haut, imposant des sujets où on n'a pas le droit de ne pas être d'accord* ». Et Frédéric se fâche : « *Pour qui on nous prend ? Des nuls ?* » Alors, Noyant s'est prononcé contre l'application des rythmes scolaires, comme les villages autour, sauf un, où un retraité livre aux enfants des rudiments de pêche à la ligne. Une des élues se souvient avoir voté comme on monte à l'échafaud. « *Ils vont se venger, pas vrai ?* » L'autre jour, en revanche, elle s'est prononcée sans hésitation pour la démission collective. « *On n'a plus d'autre idée pour se faire entendre. Moi, c'est du désespoir. »*

Sitôt après, Régis Moreau, le maire, a été convoqué à Saumur, la sous-préfecture. La conversation fut courtoise, sans plus : on lui a fait savoir que son attitude n'était pas digne d'un élu – surtout à son quatrième mandat –, et on lui a conseillé de se ressaisir. Moreau a persisté : *« Je sais que ça ne sert à rien. La preuve, vous ne m'écoutez pas. »* En sortant, le maire – ou plutôt l'ex-maire – n'a pu s'empêcher de penser : *« Et là-dedans, est-ce qu'ils ont aménagé des toilettes pour handicapés ? »*

Des messages sont venus de la France entière, portant Moreau en triomphe. Lui ne se console pas. Il a toujours pensé qu'un héros *« c'est quand on gagne »*. Dans la communauté de communes, sept maires sur dix ne se représentent pas.

Mémoires de jeunes filles rangées
24 février 2014

La directrice demande s'il reste une dernière question, mais les parents d'élèves sont déjà en train de boutonner leur manteau, pressés de rentrer à la maison, comme l'étaient leurs enfants quelques heures plus tôt en entendant sonner la cloche. Il est 19 heures, la réunion trimestrielle se termine à l'école primaire d'un village de Normandie.

C'est à ce moment-là qu'une petite voix s'élève au fond de la pièce : *« Je voudrais savoir si vous faites des cours sur l'homosexualité et en quoi consiste ce qu'on appelle la théorie du genre. »* Les parents se figent. Plus aucun ne parle. Très lentement, la directrice se met à expliquer que *« l'école n'apprendra jamais à se masturber comme certains tracts le soutiennent »*, pendant que montent, autour, des murmures exaspérés. *« Il faut vraiment être con pour gober ces rumeurs. »* Ici, pas loin du Havre, on a découvert par hasard, en lisant le journal, l'existence d'une mobilisation contre le ministère de l'Éducation, suspecté de lancer un programme enseignant aux enfants qu'ils peuvent *« devenir homme ou femme, selon leur choix »*.

Dans la petite école, personne n'ose se retourner vers le fond de la pièce d'où est partie la voix. C'est elle, Mina, 31 ans, professeur au lycée d'à côté. Elle paraît clouée sur sa chaise, immobile, soudain submergée par les souvenirs, ténus, des riens ou presque, mais aussi cuisants qu'à l'époque, dans le collège de son enfance, à quelques kilomètres à peine. Mina revoit la distribution de préservatifs, un jour, à la sortie des cours. Elle avait gardé les mains derrière le dos, ostensiblement, montrant bien qu'elle n'en voulait pas. En prendre un aurait signifié qu'elle voulait coucher avec des garçons, n'est-ce pas ? Plus tard, elle avait aussi refusé un tract sur la contraception. Ses parents n'auraient même pas relevé, ne sachant ni lire ni écrire, mais elle aurait eu l'impression de souiller la maison. Mina venait d'avoir ses règles, sans comprendre ce qui se passait. La seule recommandation maternelle avait été de n'en pas dire mot, surtout à ses petites sœurs. Pas de maquillage, pas d'épilation, même les jours de piscine. Peut-être était-ce cela, sa honte la plus vive.

À l'université, son petit groupe d'amies, toutes de familles marocaines, avait appris par l'une d'elles qu'on pouvait faire l'amour dans différentes positions. Mina avait été suffoquée : « *Tu déconnes ?* » La copine avait mimé des scènes, elle était l'une des seules à oser regarder. Mina avait 20 ans. Le corps nu d'Ibrahim – son mari, professeur comme elle – est le premier qu'elle ait vu, même en image. C'était la nuit de ses noces, quatre ans plus tard.

En janvier, Mina a reçu un SMS contre « *la théorie du genre à l'école* », envoyé par une ancienne voisine. Celle-là vit en région parisienne, une cité populaire. Ici, lui raconte la voisine, on est tous affolés. Il faut venir voir.

Dans l'école de la cité, en effet, des parents sont agglutinés sous la pluie, ne parlant que de « *ça* ». Fatima, qui est mariée à un ingénieur, a pris les choses en main.

« *Avant, on n'aurait pas fait attention. On leur aurait acheté des livres qu'on dénonce aujourd'hui. Mais le mariage homosexuel nous a tous réveillés : c'est le signe qu'il se prépare des choses dans le pays, non ?* »

Fatima vient d'« *une famille ouverte* », elle aime le préciser : à la puberté, sa mère l'a emmenée chez le gynécologue.

« *Quel courage !* » siffle sa meilleure copine, suspendue à son bras.

Fatima se rappelle en avoir bavé dans le quartier. « *Les gens venaient me dire : "Si tu vas chez le gynécologue, c'est que tu as un problème, non ?"* » Plus tard, elle s'était aussi aventurée dans le bus « sida et prévention », garé devant le collège. Elle en rit encore comme d'une folie, la main devant la bouche, le même geste qu'à ses 15 ans. La copine : « *Aujourd'hui, il ne faudrait pas une heure pour que ce bus soit incendié. C'est lamentable, mais c'est comme ça.* » Elle pense aux trois seuls mots glissés par sa mère en guise d'éducation sexuelle : « *Tout est interdit.* » Ses yeux s'embuent de nostalgie. « *On vivait l'âge d'or.* »

Quand a commencé l'agitation sur la « théorie du genre », Malika et d'autres parents ont demandé une réunion au directeur de l'école. Ne voyant rien venir, tout le monde est entré dans son bureau, « *presque de force, des Apaches, un guet-apens de cité* ». Le directeur n'avait jamais vu ça. « *Ici, personne ne proteste, même quand les instituteurs absents ne sont pas remplacés pendant des semaines ou que des élèves arrivent au collège sans savoir lire ni écrire.* » La petite foule s'étrangle : « *Pas de prof, c'est beaucoup moins grave que fabriquer des homosexuels. On touche à notre amour-propre.* » Malika reprend la parole. « *Les gays, je parle avec eux. J'ai la télé.* » Son ton monte. « *Mais mon fils, il ne faut même pas que ce soit imaginable pour lui. Vous avez compris ? »*

Sa copine proteste à mi-voix qu'elle ne va pas enfermer le sien. *« Si ça doit se passer... »* Fatima n'entend plus rien, elle est lancée. *« Je connais les mots qui font peur dans nos quartiers : sexe, homosexualité, pornographie... Je vais foutre le bazar. »*

À la sortie, les enfants sautent partout. *« Demain encore, on ne va pas à l'école ? »* demande un petit avec un bonnet de père Noël. Un téléphone sonne. C'est Mina qui appelle sa voisine. Elle veut lui parler de sa réunion à elle, du côté du Havre. *« Les collègues m'ont assuré que c'était faux, je leur fais confiance. On s'invente peut-être des films. »* Il y a une hésitation, du côté de la voisine. *« Tu te souviens, Mina, quand l'école était l'institution sacrée des parents ? Tu pensais que ce serait comme ça, quand tu es devenue enseignante ? »* Mina, en Normandie, ne répond pas.

« On ne peut pas laisser les gens comme ça »
10 mars 2014

Dans un coin de la pièce, on tendra un rideau sur un fil à linge. Ce sera l'isoloir. Sur la table d'écolier, on poussera la Marianne en plâtre et son napperon de dentelle pour poser l'urne et le registre. Ici, *« on attend les élections municipales comme le 14 Juillet, le seul vote dont on soit encore fier dans les villages »*, explique la secrétaire de mairie. C'est peu dire combien la honte fut cuisante l'autre jour, à l'annonce des statistiques en Eure-et-Loir : la commune faisait partie de ces 30 % de municipalités sans candidat déclaré à une semaine de la date-limite d'enregistrement.

Soudain, la secrétaire de mairie s'interrompt : *« Vous n'allez pas donner le nom du village ? On vient de trouver quelqu'un. »* Et elle porte les mains devant sa bouche, effarouchée et pudique, comme si on venait de surprendre la démocratie toute nue dans une mairie de campagne.

Un coup de tocsin du préfet a redressé la situation. Mais le 5 mars, vingt-quatre heures avant la date-butoir, le compte à rebours court encore pour la chasse au maire, dans trois communes de la sous-préfecture de Nogent-le-Rotrou, toutes rurales et de moins de 1 000 habitants.

À l'entrée des Etilleux, un chemin grimpe sur la

colline et s'arrête dans une cour de ferme : la propriété d'Omer Huard, conseiller municipal depuis trente-sept ans. Pour la première fois, cette année, il a fallu partir à la pêche aux candidats dans la plupart des villages. Le nombre d'habitants n'a pas vraiment varié (environ 250 ici) – *« mais ils vivent autrement »* depuis l'aménagement du lotissement et la vente de maisons anciennes à des jeunes couples de partout. Aucun n'est agriculteur. Le matin, on en voit à la gare de Nogent, au train de 5 h 30 pour Paris, retour vers 20 heures au plus tôt. *« Je me sens un grand fauve, partant chasser dans la jungle pour ses petits »*, explique un cadre, les yeux plissés de sommeil.

À bord, ça discute de François Hollande, venu à Chartres quinze jours plus tôt. *« La visite a coûté 60 000 euros pour une usine qui n'est même pas en difficulté ! »* croit savoir un courtier, qui a pris un emprunt sur trente et un ans dans un hameau voisin. L'informaticien, lui, est ému par son maire *« qui nous a donné son numéro de portable et passe déposer les documents administratifs à l'apéritif. On se sent quelqu'un »*. On lui a proposé d'être candidat *« comme tout le monde »*. Et *« comme tout le monde »*, il a refusé. *« Je place la famille en premier, puis le boulot. »* Aux Etilleux, un ouvrier a accepté au dernier moment de conduire une liste, la seule. Il hésitait, des licenciements se préparent dans son entreprise, au Theil. Pour la première fois, les agriculteurs ne sont plus majoritaires parmi les candidats, selon la sous-préfecture de Nogent.

La liste des Etilleux a été déposée vers 10 heures, le 5 mars, un peu avant celle de Michel Ricoil, maire sortant de Luigny, 428 habitants. Ce village-là est collé à l'autoroute, à 30 km de Chartres. *« Une position idéale »*, assure M. Ricoil, qui est garagiste. Il y a vingt ans, le maire d'alors lui avait promis un terrain stratégique entre le péage et le bourg, avant de le céder à un fabricant de piscines. Michel Ricoil crie à l'injustice. La guerre est déclarée.

« Pour notre victoire, en 2007, on a bu le champagne comme à la télé », se souvient un de ses colistiers. C'était juste avant que le percepteur apprenne à la nouvelle équipe le surendettement du village, des emprunts inconsidérés pour le cimetière ou la salle des fêtes. M. Ricoil a définitivement l'impression de s'être fait avoir. Il redresse les comptes, mais s'épuise ; le garage, la mairie, les enfants. Pas question d'un nouveau mandat. Personne d'autre ne veut s'y risquer. Il rechigne, mais replonge, à 44 ans, avec l'impression d'*« un pistolet sur la tempe »*, mais *« gêné de laisser les gens comme ça »*.

Le soulagement est palpable à la permanence de la mairie. On y passe *« quand on ne sait pas où aller »*, affirme un grand maigre aux yeux très bleus. Par exemple, comment changer un abonnement de portable ? Ou bien calculer les points sur le permis ? *« Vous imaginez si on est annexé par une grosse bourgade ? Ici, on nous répond, on vaut encore quelque chose. »*

Le 6 mars, à trois heures de la clôture des listes, celle d'Argenvilliers, 368 habitants, n'est pas complète. Jean-Paul Fleury, le maire, 80 ans, est près de la cheminée avec sa femme, 76 ans.

Elle attaque : *« Tu le sais très bien. »*

Lui : *« Quoi ?*

– Je ne veux plus que tu sois maire. »

Elle le répète depuis 1971, sa première candidature. À l'époque, on se battait pour être sur les listes, il y en avait plusieurs, c'était sanglant. On accrochait des vestes devant la maison d'un adversaire, signifiant : *« Tu vas perdre. »*

« *L'enjeu, c'était l'honneur*, dit M. Fleury. Il en avait la passion, à en laisser couler la ferme dans les années 1980. *Les gens le disaient par-derrière. J'aurais été millionnaire sans ça, mais on s'en est tiré, tu vois, Josette.*

– *Grâce à qui ? On ne sortait pas, les gosses n'auraient jamais voyagé sans les écoles.*

– *Je suis un salopard, c'est ça ?* »

Dans le village, on le traite plutôt de despote. Il s'en vanterait presque. Elle se surprend à le défendre : « *En tout cas, ils ont toujours voté pour toi.* » Puis : « *Moi, je partirais bien.*

– *Tu vas aller où avec tes 600 euros de retraite ?* »

Jean-Paul Fleury a fini par passer la main à un professeur de lycée, Pascal Mellinger, bientôt à la retraite, comme 80 % environ des candidats enregistrés à Nogent. « *Tant pis pour toi, je resterai conseiller* », dit M. Fleury, devant la cheminée. Elle : « *Il fallait que je t'aime.* »

À 18 heures, le 6 mars, toutes les listes d'Eure-et-Loir avaient trouvé candidat.

Les filles de chez Jeannette
17 mars 2014

Les hommes ont droit à un sac de gâteaux par semaine. Les femmes, non. Elles travaillent à la chaîne, toutes. Les hommes sont pâtissiers ou s'occupent de la maintenance. Ils sont payés plus que les femmes, même le petit David, le dernier embauché. Au début, on l'a mis à la chaîne, lui aussi, mais pour quelques mois seulement, une sorte de bizutage. Il touchait 10,21 euros de l'heure, davantage que les filles tout de même, y compris celles qui ont plus de trente-cinq ans de maison.

Dans la cour de l'usine, assis autour d'une grande table, les hommes se défendent, sur le ton de la blague : « *On est plus qualifiés, c'est tout.* » Les femmes plissent les yeux dans le soleil, sans s'offusquer. « *Cela a toujours été comme ça, non ?* », dit l'une. Et sa collègue, forçant la voix : « *Une fois, je l'ai dit au patron : "Je vais m'en faire greffer une paire, j'aurai peut-être une augmentation."* » Ça rigole autour, une bonhomie paisible, puis on passe à autre chose, « *parce qu'on ne va pas en faire tout un plat* ».

À Caen, depuis quinze jours, les ouvriers occupent la biscuiterie Jeannette, 38 personnes en tout, des femmes pour l'essentiel. Plus d'un siècle durant, on y a fabriqué des « madeleines pur beurre » avant la mise en liquidation judiciaire cet hiver. Le 20 février, les machines devaient être vendues aux enchères, la rue était pleine de camions, des bulgares. Le bruit se met à courir qu'un homme d'affaires algérien cherche à acheter la fameuse recette des madeleines. Des filles se récrient : « *Jamais on ne la donnera.* » Et quelqu'un, main sur le cœur : « *Même pour 10 000 euros.* »

Ce jour-là, le commissaire-priseur finit par renoncer à la vente. Curieux tout de même : « *Est-ce que vous allez me prendre en otage ?* » Françoise, qui est déléguée CGT, en est restée tout interdite. « *C'est pas notre style.* » Mais l'occupation est décidée, une révolution dans l'histoire de Jeannette.

La biscuiterie a longtemps tourné sans syndicat. À l'embauche, c'était d'ailleurs la seule question : « *Vous ne faites pas de politique, au moins ? On ne veut pas de ça ici.* » Ensuite, on recevait la blouse et on commençait le lendemain. Jeannette, c'était pour la vie, la plupart des ouvrières ont plus de trente ans de service.

À table, dans l'usine occupée, la nostalgie monte en vapeur légère avec la chaleur et le mousseux, qu'apportent des sympathisants, une ambiance de repas de famille.

« *Tu te souviens de Mireille ? On la raccompagnait à la maison parce que son mari l'attendait avec une carabine.*

– Qu'est-ce qu'elle a pu pleurer, quand il est mort ! C'était le bon temps. »

Depuis les années 1980, les changements de propriétaire alternent avec les plans sociaux. Les premiers licenciements, en 1986, ont ciblé les mères-de-trois-enfants-et-plus « *parce qu'on a de quoi s'occuper chez soi quand on a une famille nombreuse* ». En grandissant, la troisième fille de Geneviève s'en est voulu, elle répétait : « *Tu as été virée, c'est ma faute.* » Finalement, la mère a été reprise autour de l'an 2000, quand on croyait que la biscuiterie allait repartir en produisant pour la grande distribution sous des marques génériques.

À la fin 2013, les chefs de ligne ont été convoqués par la direction. Il s'agissait de se montrer fort et de doper le moral des troupes. On achèterait des machines neuves, on redorerait la marque, on déménagerait à Falaise, à 35 km. Les filles s'organisaient déjà pour le covoiturage, quand le financement a capoté. « *Je n'ai pas osé l'annoncer à la famille, au début* », dit Marie-Claire, embauchée à 16 ans, comme tout le monde. « *J'avais honte de ne plus avoir de sous pour mettre à manger sur la table. Finalement, je l'ai dit à ma fille qui l'a dit à mon mari.* »

Les premiers jours après la fermeture, Marie-Claire continue à venir chez Jeannette à 6 heures du matin comme d'habitude. Elles se retrouvent à plusieurs, circulant au milieu des machines arrêtées, sans arriver à croire que « *les gens de là-haut ont pu leur faire ça* ». Elles montent dans les étages déserts : les « bureaux » – ici, c'est comme ça qu'on appelle les cadres – ont tout laissé sens dessus dessous. Alors elles nettoient, pour ne pas avoir l'air de « *souillons* » au cas où quelqu'un viendrait, retrouvant les gestes de ces moments-là, quand les patrons disaient à l'annonce du énième audit : « *Allez, mesdames, donnez un coup de peinture pour que la boîte ait belle allure.* »

La résistance des « Jeannette » a provoqué un élan de solidarité à Caen, la mairie a fait livrer des paupiettes. Franck Merouze, responsable CGT à Caen, évoque plusieurs repreneurs.

Pendant ce temps-là, des salariés commencent à être convoqués à Pôle emploi.

Catherine en revient. « *Moi, je suis tombée sur quelqu'un de gentil, Kevin.* »

Régine se verrait bien convoyeuse de fonds. « *Vous avez vu la Volvo à 33 000 euros, garée devant l'usine ? C'est la mienne.* » Et si elle passait son permis 44 tonnes ? « *Mon conseiller n'a pas été jusqu'à me dire qu'on est trop vieilles...* »

À Rosa, on a proposé « *quelque chose dans les steaks hachés à Colombelles* », dans la banlieue de Caen. Il faut un CV, une lettre de motivation. Elle s'affole : « *Je vais demander à ma soeur de m'aider.* »

Le chef de la maintenance arrive. « *Pôle emploi a déjà trois places pour moi, bien payées. Je leur ai dit : calmez-vous, je suis en grève.* » Il consulte le tour de garde pour l'occupation de l'usine. « *Dites, les filles, vous qui n'avez rien, vous ne pouvez pas faire les permanences à ma place ?* » Elles sont en train de débarrasser la table. L'une répond, comme on parle à un enfant : « *T'en fais pas.* » Et il s'en va.

« Mais il est passé où, le million ? »
24 mars 2014

Il est 1 heure du matin, le restaurant se vide, à part une grande tablée où, après avoir bu force champagne, on débouche du vin rouge. Un jeune homme, qui a vaillamment surveillé les entrées de la soirée, vient saluer. *« Combien de personnes sont venues ce soir ? »* demande un convive. Aussitôt, les conversations s'arrêtent, chacun fixe le jeune homme. Il n'a pas compté, bafouille-t-il. *« Combien ? »* insiste une voix plus forte. Pas la peine de se retourner, c'est elle, Frigide Barjot. Cette soirée est la sienne pour le lancement de ses *Confessions d'une catho républicaine*. Elle y raconte ses dix-huit mois de contestation contre le mariage homosexuel : l'explosion – inattendue – du mouvement avec ses immenses défilés d'opposants et sa sarabande de politiques, de prêtres, de journalistes ; puis l'implosion dudit mouvement – tout aussi inattendue – quand les deux porte-parole se séparent après l'adoption de la loi, Barjot d'un côté et, de l'autre, son ex-meilleure alliée, Ludovine de La Rochère.

À table, Barjot repousse son entrecôte. Et elle qui ferraillait avec la police il y a un an pour compter les manifestants en millions demande une nouvelle fois : *« Alors, combien ce soir ? 50 ? 40 ? »* Puis, scrutant la salle déserte, bien plus sidérée qu'abattue, elle s'exclame sur le ton de la Catastafiore découvrant la disparition de ses bijoux : « *Mais il est passé où, le million ?* »

Plus tôt, la soirée a débuté dans le sous-sol du même restaurant parisien, une cave voûtée façon Saint-Germain-des-Prés qui fait boîte de nuit et hébergeait déjà la « bande à Barjot » du temps où elle défrayait la chronique, « *à poil plutôt qu'à genoux* ». La plupart des invités se connaissent, tous catholiques, souvent de droite. Un ami d'enfance de Barjot, chemise rayée-pochette à pois, conte comme une drôlerie : « *Je suis très réac'. Le 10 mai 81, pour l'élection de Mitterrand, maman s'est effondrée sur 15 cm de tapis persan en gémissant : "Il faut quitter la France."* » Il y a Cécile aussi, professionnelle de la petite enfance, « *seule femme homosexuelle* » de l'équipe. « *On était groupies de Frigide, on a demandé à une copine qui la connaissait de faire un dîner. Vous trouvez ça con ?* » dit une autre.

En ces heures où les carrosses redeviennent citrouilles, il ne reste du côté de Frigide, « *que les gens un peu barrés, les hurluberlus, nous* », constate un étudiant. Il n'en est pas gêné. Les « impeccables » et la logistique sont toujours avec l'autre, Ludovine de La Rochère. « *Elle a dirigé la communication des évêques de France, elle a 45 ans, les fringues qu'il faut, elle a tout bon.* »

Frigide Barjot l'a rencontrée en 2009, en plein dans son *outing* catholique, en lui claironnant : « *Je dois passer à la télé défendre le pape. Vous en pensez quoi ?* » Rochère, qui représente alors l'épiscopat, la trouve « *grandiose* » : « *On l'a repérée tout de suite* », dit-elle (le lendemain et par téléphone).

Barjot est propulsée en tête de manif quand démarre la fronde contre le mariage homosexuel. « *Au début, les cathos étaient fiers d'être avec nous, ils s'encanaillaient, contents de sortir des bermudas et des serre-têtes* », reprend l'étudiant. « *Ils répétaient : "Grâce à vous, l'opinion ne se moque plus de nous."* »

À l'époque, Frigide n'en revient pas non plus. C'est ce qu'elle est en train de raconter à deux vieux messieurs, posés chacun sur un pouf et se présentant comme « *des admirateurs de Mme Barjot montés de province* ». Elle : « *Je ne viens pas du catho-land, je dansais sur les tables du Banana Café. Mais je me suis toujours tenue : je n'ai jamais enlevé ma culotte ni mon soutien-gorge.* » En trois formules, elle se trousse une enfance : « *Une famille bourgeoise* », où « *on allait à la messe à coups de claques* » puis fracassée par le divorce : « *À quoi ça sert d'aller à l'école privée, si tout le monde part avec sa maîtresse ?* » Sur un pouf, un des messieurs s'est endormi. Elle est lancée : « *J'étais admirative des familles catho structurées, je les trouvais supercool de m'accepter. C'était grâce à Ludovine.* »

L'attelage Barjot-Rochère cravache vers le succès, l'une qui communique comme elle parle, l'autre qui parle comme elle communique, l'une assurant le canal officiel, l'autre le canal hystérique. « *On se téléphonait cinq fois par jour* », dit Ludovine. Version Frigide : « *À 8 heures du matin, on se parlait. J'étais dans mon bain. Elle dans le sien. J'allumais ma première clope. Elle la sienne.* » Dans la boîte de nuit, on salue l'arrivée des vedettes, Nicolas Dupont-Aignan, homme politique souverainiste, et Massimo Gargia, play-boy, escorté par des toasts aux rillettes et un sosie de Barjot.

« *À cette période, on riait, on finissait alcoolisés. Comme nous, Ludovine faisait tourner sa serviette* », reprend l'étudiant. Version Ludovine : « *C'était gai.* » Elle se reprend : « *Gai ? Non, pas ce mot-là. Disons joyeux.* »

Gay, si, justement, voilà où l'affaire bute une fois

la loi votée. « *Je suis contre le mariage et la pro-création pour des gens du même sexe, mais en faveur d'une union civile* », précise Barjot. « *Les homosexuels ont les mêmes droits. Je ne défilerai jamais pour une seule famille : un papa, une maman, un enfant et un chien.* » Version Rochère : « *Ce n'est pas le moment de parler de ça. Frigide veut donner des gages, elle n'a pas supporté d'être accusée d'homophobie. La pauvre s'est marginalisée.* »

Dans la boîte de nuit, Frigide Barjot mord la poussière avec panache. « *Ludo a joué, elle a gagné. Mais Dieu m'a changée : j'ai compris que je ne suis pas minable, mais destinée à quelque chose. J'appelle au débat.* » Sur son pouf, le vieux monsieur s'est réveillé. « *Elles se sont réconciliées ?* »

« *Pendant dix secondes* », Ludovine a hésité à venir à la soirée. Et puis non.

À Hénin-Beaumont, acte 1
25 mars 2014

C'est un tel bouleversement que les uns n'ont pas compris tout de suite qu'ils avaient déjà perdu, ni les autres qu'ils avaient déjà gagné. *« Comment peut-on être sûr ? »* répète une dame. *« Est-ce que la télé l'a dit ? »* Son fils lui secoue le bras : *« Je te jure, maman, c'est pas une blague. Il n'y aura pas de deuxième tour à Hénin-Beaumont, le Front national a gagné ce soir. »*

Dans les bureaux de vote, le dépouillement pour l'élection municipale a commencé par s'éterniser tant chacun redoute de se tromper, et des centaines de gens attendent les résultats dans la salle des fêtes, surtout des partisans du maire sortant, Eugène Binaisse (liste d'union PS, PCF, EELV). Il est 21 heures quand Binaisse annonce sa propre défaite en quelques chiffres et conclut, presque à mi-voix, par un *« bonne soirée à tous »,* si banal que quelqu'un demande : *« Il a vraiment perdu ? »*

Un siècle de pouvoir à gauche – ou presque – vient de s'achever dans cette ville ouvrière de 27 000 habitants en plein bassin minier. Il y a quelques larmes. Des silences. Un homme crie : *« C'est votre faute, les politiques. Vous n'avez pas respecté les gens. »* Mais tout le monde est déjà parti, comme si aucun n'avait la force de regarder ce désastre en face ni de chercher des mots pour le recouvrir.

Dans la ZAC, derrière l'hypermarché Auchan, le Front national a loué une salle de restaurant, Les Salons de l'atelier, que protège un gros dispositif policier. Là aussi, les militants ne réalisent le bouleversement qu'avec l'arrivée triomphante de Steeve Brios, tout juste élu maire avec 50,26 %. *« Même nous, on ne s'y attendait pas »*, dit un membre du service d'ordre. Dans la salle, on chante une *Marseillaise*. Puis une autre, plus fort.

Il y a des gens de Hénin-Beaumont, bien sûr, mais pas seulement : tout ce que le bassin minier compte de FN est là, échangeant entre soi les scores faramineux du parti dans beaucoup des villes alentour, comme des gagnants au tiercé. Ici, pourtant, *« tout vient de la gauche, même le FN »*, dit Emmanuel Rignaux, novice en politique, dont la liste arrive en tête à Montigny-en-Gohelle. Son voisin, un grand roux qui alterne bière et champagne, est un ex-communiste. Il énumère avec nostalgie les cathédrales effondrées de cette terre ouvrière, les grandes usines textiles, la métallurgie, le charbon surtout : dans sa famille, deux chômeurs, deux précaires, le revenu le plus sûr reste la pension de son grand-père, un ancien mineur. Il nous raconte le temps où tous vivaient dans les mêmes maisons, avec le même travail et les mêmes maladies soignées dans le même hôpital. Tout le monde était pauvre, mais ensemble : un mineur, c'était quelqu'un. Lui est intérimaire, *« un statut qui ne ressemble à rien, qu'on n'ose même pas dire, où chacun reste tout seul dans sa merde »*. On propose une troisième *Marseillaise*.

À Hénin-Beaumont, les maires successifs ont repris et longtemps gardé *« la même ligne paternaliste que les patrons »*, explique un autre. La mairie compte le nombre hallucinant de 750 emplois pour 26 000 habitants et Denis, 49 ans, raconte avoir été embauché, après un licenciement, dans la police municipale par

Gérard Dalongeville, élu (PS notamment) à l'hôtel de ville jusqu'en 2009. *« Mais j'ai été mis de côté quand une photo de ma femme à la galette des rois du FN s'est mise à circuler »*, soutient Denis.

Lui aussi en est venu à se rapprocher du Front, *« en se cachant, surtout à la mairie ; on était envoyé au placard si on n'était pas de leur bord »*. Ce soir, avec la victoire, on se déboutonne un peu, parlant soudain avec moins de gêne. *« On nous a pris pour des mendiants, mais on se reconnaissait entre nous, soudés, comme un réseau secret. On était FN, cela voulait dire quelque chose. »*

Le nouveau maire, Steeve Briois, 41 ans, un fils d'ouvrier effacé courant les lotos et les bals des seniors, doit être un des premiers à Hénin-Beaumont à s'être affiché Front national depuis le lycée. Un des seuls aussi à dénoncer le fonctionnement de la mairie et notamment celui de Gérard Dalongeville.

Quand Marine Le Pen a décidé de faire d'Hénin-Beaumont une vitrine du parti, *« on s'est senti choisi »*, dit un militant. *« Elle ne nous voyait pas comme des déshérités, mais des gens qui allaient faire la révolution et montrer la voie à tous les Français. Maintenant, on va être mondialement connus. »* La musique s'est mise à jouer fort. Un jeune cariste crie presque : *« Entre nous, on ne se tire pas dans les pattes, comme la gauche qui a éclaté en mille morceaux. »*

Certains employés municipaux piaffent à l'idée d'arriver au bureau. *« À la mairie, on va commander un camion de cartons, pour leur déménagement*, dit l'un. *Quelques-uns doivent avoir peur, c'est leur tour. »* Une femme : *« On va voir les vestes qui se retournent à toute allure. »* Au micro, on annonce une première réunion, lundi à 11 heures, des vingt-huit de la liste FN d'Hénin-Beaumont.

À Hénin-Beaumont, acte 2
26 mars 2014

Dans la salle de mariage, monsieur le maire, Steeve Briois, se tient entre les deux femmes nues qui encadrent la cheminée monumentale de leur poitrine sculptée en pierre blanche. À Hénin-Beaumont (Pas-de-Calais), il a été élu dimanche 23 mars sous l'étiquette du Front national et dès le lundi, à 10 heures du matin, il arpente l'hôtel de ville, en costume et cravate, comme s'il y avait toujours travaillé.

« Regardez : vous voyez bien qu'il n'y a pas de chars Panzer dans les rues », lance Jean-Richard Sulzer, pressenti aux finances municipales. Et, alors que la France entière a le regard tourné vers Hénin-Beaumont, tentant gravement d'y scruter si ce triomphe du FN dès le premier tour serait le symbole d'un monde politique en train de basculer, Briois, l'homme du jour, se lance dans un exposé minutieux : *« Si un citoyen signale une ampoule défectueuse dans l'éclairage municipal, il faut la remplacer tout de suite, sans attendre six mois. C'est ça le changement, les gens doivent sentir qu'on les écoute. »* Puis il fait un sourire, l'immuable sourire du brave Steeve Briois, dont nul ne l'a jamais vu se départir, dans les goûters dansants comme lors des humiliations les plus cuisantes, depuis vingt-cinq ans où il milite ici pour le FN.

Dans l'hôtel de ville, au rez-de-chaussée, les adjoints de la municipalité précédente s'activent encore, comme une partie de cache-cache entre les hommes, les étages et les mandats, puisque la passation de pouvoir n'a lieu qu'à la fin de la semaine. *« Le FN se fait une image de gentil »*, dit l'un, sur le départ. *« Tous les regards vont être braqués sur eux et ils le savent : ici, il ne va rien se passer, au contraire, on sera leur vitrine pour les régionales, puis la présidentielle. »*

Des employés circulent à pas feutrés, incarnation malgré eux des politiques clientélistes de certains maires précédents : 200 embauches avaient eu lieu juste avant les municipales de 2008, *« notamment de gens comptant beaucoup d'électeurs dans leur famille »*, dit l'un. À Hénin-Beaumont, l'écœurement de ces pratiques a largement contribué au succès du FN. *« Mais il n'y aura pas de licenciement »*, s'est empressé de jurer la nouvelle équipe.

Dans son bureau, sombre et silencieux, Eugène Binaisse, le maire sortant (divers gauche), sirote un doigt de porto avec son gendre. Des boiseries tapissent les murs, à la mode flamande : l'une dissimule un coffre-fort. On le fait visiter aujourd'hui au titre des curiosités d'Hénin-Beaumont, capitale médiatique des détournements de fonds publics, depuis l'arrestation de Gérard Dalongeville (divers gauche puis PS) pendant son mandat en 2009. Binaisse a sérieusement commencé à éponger les 12 millions de trou : le FN promet maintenant de baisser les impôts locaux de 10 % dès septembre. Binaisse se demande dans quel budget ils vont couper. *« Je ne vois pas. Ou alors la culture ? »* Timide, presque gauche, il consent à une photo : *« Peut-être la dernière qu'on me demande. »*

Dans l'entrée, une employée s'arrête, dossier sous

le bras, pour glisser d'un ton d'infirmière à un adjoint sur le départ : « *Ça va, Monsieur ?* » Lui : « *Ne me faites pas de condoléances, je ne suis pas mort.* » Un proche de l'ancien maire s'étonne même d'éprouver une sorte de soulagement. À chaque échéance, « *on voyait le FN monter et on se disait, ça va basculer. Cette fois, le suspense est fini.* »

Dans les couloirs, c'est un sentiment plutôt partagé. « *Cet après-midi, je suis tombé dans un trou noir de sommeil, à bout* », explique un chef de service. « *Au réveil, je me suis dit : "Ça y est, je vais enfin savoir. C'est le grand saut."* »

Au pied de l'escalier d'honneur, en fin de journée, une vingtaine d'habitants et des militants de SOS-Racisme, l'Union des étudiants juifs de France et le syndicat lycéen FIDL – venus en car de Paris – ont déployé une banderole et scandent : « *FN facho* ». Prévue depuis une semaine, la manifestation devait mobiliser contre l'abstention entre les deux tours.

Jusqu'à présent, une centaine de voix finissaient toujours par surgir d'on ne sait où et barrer la route au FN. Dimanche 23 mars, à 21 h 05, 32 bulletins ont permis à Steeve Brios de sauter par-dessus les 50 % et passer dès le premier tour.

À Hénin-Beaumont, acte 3
29 mars 2014

Dans le bassin minier, la ville où se rendre aujourd'hui est Bruay-la-Buissière. *« Vous allez voir, ce sera la prochaine »,* annonce-t-on volontiers. Ici, l'invitation se comprend aisément. Elle signifie : la prochaine ville du Pas-de-Calais susceptible d'être raflée par le Front national après Hénin-Beaumont. Ce ne sera sans doute pas cette fois-ci, mais sûrement aux élections municipales suivantes, *« si rien ne change entre-temps »*, précisent les plus prudents.

À Bruay-la-Buissière, Alain Wacheux, maire socialiste sortant, accuse le coup. Ses 49,49 % au premier tour feraient pâlir d'envie bien des candidats, mais lui les traîne comme une maladie honteuse : Wacheux avait plutôt l'habitude de passer d'un coup avec 70 %. Là n'est pourtant pas le pire. Il y a cette liste du Front national, tout juste créée et qui arrive à ses trousses avec le score de 36,84 %, le onzième plus élevé de France.

Depuis, le maire sent vaciller son monde, si familier il y a quelques jours encore. *« Je vois la vague arriver sur moi sans comprendre où elle va s'arrêter. À 37 % ? 42 % ? 51 % ? »* Jusqu'à présent, le vote FN lui paraissait un phénomène grave mais abstrait, quelque chose de national, touchant tout le monde et personne, ou en tout cas pas lui, Wacheux, petit-fils de mineur, fils d'un maire précédent, dont la réputation n'est entachée par aucun scandale financier – à la différence d'Hénin-Beaumont, ni même d'une de ces guerres fratricides entre socialistes, si fréquentes dans la région. *« Nous avons échoué,* dit Alain Wacheux. *J'en prends ma part. »*

À Bruay, 23 000 habitants, le FN s'est installé dans un deux-pièces au-dessus d'une charcuterie polonaise, que signale seulement un petit drapeau français à la fenêtre. À toutes les listes, la section régionale avait donné pour consigne de surveiller chaque bureau de vote, *« parce qu'ils vont essayer de nous voler nos voix »*. Un intermédiaire raconte qu'il a eu tellement peur *« de leurs magouilles »* qu'il n'a pas osé aller aux toilettes : *« C'est la première fois que je voyais d'aussi près des gens de ce monde-là, on ne sait jamais. »*

Dans la pièce, la dizaine de militants acquiesce avec sérieux. *« Le maire est un seigneur. Il est partout, mais nous, on ne le voit qu'en photo. »* Une jeune femme blonde, cheveux en brosse : *« On a l'impression d'un réseau, qui ne s'intéresse qu'aux grosses têtes. Nous, on est quantité négligeable. Ils ne nous imaginaient pas au deuxième tour. »* Un chômeur explique que certains ont refusé de leur parler : *« On est dans notre pays, mais il n'est pas pour nous. »*

D'un ongle verni noir, Maryvonne Clergé éteint son portable. La candidate du Rassemblement Bleu Marine a tenu une supérette, un bar, un cabinet de diététique avant de prendre sa retraite et d'entrer au FN. Aux législatives de 2012, *« le score du Front avait été bon à Bruay-la-Buissière, genre 30 % sans rien faire »*, explique-t-elle. *« La section régionale nous a repérés, comme toutes les villes dans ce cas – Montigny ou*

Lens – et nous a dit : il faut aller aux municipales,
on va vous aider. »

Certaines bourgades ont eu du mal à suivre, mais
« chez nous, les gens sont très ouverts », continue
Mme Clergé. Elle décrit la création de la liste comme
une sorte de génération spontanée : le téléphone des
adhérents lui a été communiqué, aucun ne se connaissait, mais *« il a suffi de les appeler pour qu'ils se*
présentent ».

La liste s'est bouclée l'an dernier pendant une fête
du FN à Hénin-Beaumont, à une demi-heure de route,
à l'autre bout du bassin minier. *« C'était l'anniversaire*
des 40 ans de Steeve, non ? », demande Christelle, une
mère au foyer. Steeve, c'est Steeve Brizois, qui vient de
décrocher la mairie de Hénin-Beaumont, alors que le
FN faisait à peine quelques pour-cent des voix quand il
s'est lancé dans les années 1990. On parle de « Steeve »
à la fois comme d'une star et d'un modèle, *« la preuve*
qu'on peut tous réussir dans la vie ».

Lors de la fête, Marine Le Pen a appelé Maryvonne
au micro devant 400 personnes pour la nommer tête de
liste. *« Impossible de faire marche arrière*, frissonne-
t-elle encore. *J'ai bu un verre de sangria pour me donner*
du courage. » Jérémy, son numéro deux : *« Au FN, on*
est applaudi quand on adhère. On a une place. » En
plus des réunions mensuelles, il a eu droit à un stage
de trois jours au siège du FN, à Nanterre.

Pendant la campagne, Alain Wacheux a assisté à une
seule réunion organisée par le PS pour contrer le FN.
« La stratégie consistait à avoir des arguments pour
contrer les leurs et révéler ce que ce parti est réelle-
ment », raconte-t-il. Dans Bruay, il se trouve qu'une
photo s'est mystérieusement répandue, justement à cette
période. Elle montrait un proche de Maryvonne Clergé

en uniforme du IIIe Reich, assorti d'un commentaire où elle le trouvait « *beau gosse* ».

La démarche n'a eu aucun effet. Ou plutôt si, « *elle a produit l'inverse* », se chagrine Wacheux, le maire sortant. « *L'opinion publique a trouvé que c'était elle la victime, en étant la cible de ce genre d'attaque. L'ancienne méthode, qui consiste à dire "le FN c'est mal", ne suffit plus.* » Après le premier tour, aucun élu de la région n'a appelé Alain Wacheux. Personne du PS non plus. Quand on lui demande s'il ne se sent pas seul, le maire ne répond pas.

« *Il faut arrêter de croire que les gens votent FN par désespoir. Chez les jeunes, où il y a 25 % de chômage, le seul rêve, au contraire, c'est le FN* », dit Lisette Sudic, une enseignante. À Bruay, sa liste Europe Écologie-Les Verts a fait 13,67 % des voix. Certains socialistes font semblant de ne plus la voir depuis qu'elle a décidé de se maintenir au second tour face à M. Wacheux. « *J'assume*, dit Lisette Sudic. *J'en ai assez du chantage permanent où il faut se rallier, sinon on fait le jeu du FN. La vie politique doit changer.* »

Depuis, le ton n'est plus le même quand elle distribue ses tracts au porte-à-porte. On la fête. « *Bravo, vous sortez enfin du système* », s'exclame un retraité. Pour la première fois de sa vie, il n'a pas voté. Le voisin, non plus d'ailleurs. Il pense voir bientôt une « *révolution* », sans trop savoir laquelle. En attendant, il se dépêche : il est en retard pour la chorale.

À Hénin-Beaumont, acte 4
31 mars 2014

Il ne dit rien, non, rien du tout. Qu'est-ce que vous voudriez qu'il dise ? Aujourd'hui, il regrette de n'avoir pas compté combien de fois on lui a posé la même question. *« Et si le Front national prenait Hénin-Beaumont, que se passerait-il ? »* La première à lui demander était une fille de TF1. On était en 2009, aux municipales partielles dans la ville, le FN était donné gagnant. La fille était belle. Ahmed avait réfléchi à une réponse qui lui paraîtrait digne. Puis il avait dit : *« Les gens ne laisseront pas faire ça, ça va brûler partout. »* Il le pensait vraiment.

Est-ce que la fille de TF1 le reconnaîtrait aujourd'hui ? Il travaille toujours sur le marché d'Hénin-Beaumont, là où elle l'avait abordé. C'est l'un des plus grands de la région, il faut aller jusqu'à Lille ou Béthune pour en trouver un aussi important. Les commerçants sont musulmans à plus de 80 %. Comme lui. Comme Albdelkrim aussi, qui vend des sacs à main juste à côté. *« Tu te souviens de Steeve Briois, quand il commençait à venir ici ? »* demande Abdelkrim. Les gens s'écartaient quand il traversait le marché. Briois était le seul du FN, au milieu des autres, tous de gauche, en cette terre ouvrière du bassin minier. Eux ignoraient Briois, ou le rejetaient. Ses pneus étaient crevés. Il était frappé. Une fois, on lui a craché au visage. *« Briois a continué de sourire, c'est sa qualité. »*

Quand est-ce que les politiques ont arrêté de venir ? Cela devait être autour de 2005, l'époque où Mustapha venait d'acheter sa maison dans la zone pavillonnaire, pas loin des corons. Il se sentait *« un Français comme tout le monde »* à l'époque. Aujourd'hui, moins. Il a l'impression d'être un bourgeois, avec les deux salaires de la famille, surtout celui de sa femme qui travaille dans la police. Ils ne se sentent presque plus à leur place dans le quartier. Les gens s'habillent de moins en moins pour amener les enfants à l'école, ils ne se dépêchent plus pour partir au boulot juste après, ils restent à discuter devant les grilles. Les scandales de la mairie sont l'un des sujets dont ils sont le plus friands.

Le livre qui s'arrache à la librairie d'Auchan, la seule du coin, parle de ça, *Rose Mafia*, écrit par le maire Gérard Dalongeville (quelque temps socialiste), arrêté chez lui en 2009 et condamné à trois ans pour *« détournement de biens publics »*. D'autres aussi ont été écrits sur Hénin-Beaumont, mais il faudrait *« mettre Marine Le Pen en couverture pour que ça se vende »*, regrette une vendeuse.

À l'époque, le frère de Kamel, qui tient aujourd'hui un stand de cigarettes électroniques, l'a appelé. *« Alors, vous avez chaud aux fesses à Hénin ? »* Kamel a dit : *« Si le FN passe, on s'en va du marché. Pas question de rester chez les racistes. »* Les commerçants le répétaient tous, ça tournait aussi en ville. Les caméras de télés étaient partout. Steeve Briois n'avait pas été élu, à quelques voix près. Il est le seul à être revenu sur le marché serrer des mains.

On n'avait rien vu encore, *« en tout cas pas les législatives de 2012 »*, dit Karine. Elle voulait devenir journaliste, mais a renoncé. « *Ils sont tous de gauche, malheureusement.* » Elle le sait parce qu'ils lui posent toujours la même question : « *Pourquoi militez-vous dans un parti raciste ?* » Karine soutient le FN. « *Ça bouge, je me sens attirée. Marine Le Pen parle de nous de manière positive, c'est la seule.* » Elle demande à Abdelkrim : « *Combien coûte le sac en vernis noir ?* »

Aux législatives de 2012, donc, Jean-Luc Mélenchon (Front de gauche) était venu ici se présenter contre Marine Le Pen, une manière d'exemple. Ses militants s'étaient préparés à la bagarre, sûrs de se retrouver face « *à des gars spéciaux* ». Mais non. Ils ont discuté avec un type pendant des heures, avant de comprendre qu'il était un colleur d'affiches du FN. Ils ne se sont même pas tapés. « *Où sont les bidonvilles ? Où sont les fachos flamands ?* » ils ont demandé. Un autre mélenchoniste répétait : « *Je n'arrive pas à croire que c'est ici où se passent tous ces trucs.* » Un reporter les a renseignés. « *Ici, tu cherches du bizarre et tu trouves du normal. C'est ça qui fait peur.* » Un socialiste a gagné, à 150 voix près.

Cette année, la campagne a été calme. Propre. Les plus cruels ont été les candidats de gauche entre eux : Dalongeville, revenu se présenter après la prison, Eugène Binaisse (PS, Vert, PC), le maire sortant, et Georges Bouquillon (MRC), son premier adjoint, qui a monté une liste contre lui. Leurs partisans se sont empoignés. Certains en sont venus aux mains, plus personne n'osait lire les blogs les uns des autres, tellement ça faisait mal.

Steeve Briois est passé dès le premier tour. La ville était quadrillée de policiers, la rumeur disait que la banlieue de Lille ou de Roubaix viendrait tout casser. Rien ne s'est passé, même pas un klaxon de joie du Front national.

L'un des responsables de L'Escapade, l'association culturelle municipale, traverse le marché. Il ne fera *« ni provocation ni résistance »* avec la nouvelle équipe FN. *« Juste mon travail »*, dit-il. Pour faire baisser les impôts locaux, il se murmure que le budget de L'Escapade pourrait être diminué. Briois nie. Du temps de Dalongeville, l'association avait déjà eu des démêlés avec la mairie : 30 000 euros de facture pour le *« nettoyage de la moquette »*. Tout le monde en rigole encore : il n'y a pas de moquette à L'Escapade. Certains redoutent surtout que personne ne veuille plus venir jouer ici. *« Est-ce qu'on va nous comprendre ? »*

Juste après l'élection, pour la première fois, le marché de Hénin-Beaumont est redevenu un marché ordinaire. Dans la foule, Ahmed cherche des yeux la fille de TF1. Mais même Briois n'est pas là. Est-ce qu'il trouverait la fille toujours aussi belle ? Il se demande s'il lui dirait qu'il a lui aussi voté FN.

À Hénin-Beaumont, acte 5
1ᵉʳ avril 2014

Les estafettes des grandes chaînes de télévision s'alignent derrière la mairie, toutes caméras et antennes déployées, formant un premier rempart. Les policiers constituent le second, en cordon devant l'escalier d'honneur. Ce dimanche 30 mars 2014, tout est en place à Hénin-Beaumont : la ville intronise son nouveau maire, le premier de France à avoir été élu en un seul tour sous les couleurs du Front national. L'air vibre d'énervement. Il n'y a aucun suspense, bien sûr : cette victoire n'a pas été une surprise, même pour ceux qui la redoutaient, à force de voir le FN grignoter toujours plus de voix, de scrutin en scrutin, dans le bassin minier. Personne, pourtant, ne se résout à penser que la journée va se dérouler sans encombre. En basculant à l'extrême droite après un siècle de pouvoir à gauche, Hénin-Beaumont, gros village de 27 000 habitants, est devenu l'épicentre du bouleversement politique de ces élections municipales.

À l'intérieur de la mairie, quelques employés vaquent, concentrés sur les préparatifs de la passation de pouvoir. Il est 8 h 45. Une demi-pénombre baigne encore le bâtiment quand l'ancien maire, Eugène Binaisse, 74 ans, manque se cogner contre Steeve Brios, 41 ans, le nouveau maire. Dans le hall, monumental et désert, les voilà nez à nez, ces hommes que les hasards électoraux ont précipités l'un contre l'autre dans un duel qui a fasciné le pays. Dans chacun des deux camps, les partisans emploient le même mot pour parler de l'autre : « la peste ». Pour ceux de Binaisse, Briois représente un parti dangereux, trempé de racisme et d'intolérance, contre lequel il a fallu mobiliser un « front républicain » (PS, PC et Verts). Du côté de chez Briois, on traite Binaisse en héritier d'un système hégémonique, *« corrompu et mafieux »,* laissant à la mairie plus de 10 millions d'euros de dettes. « Peste brune » : le FN était habitué à l'entendre. La semaine précédente, au dépouillement dans la salle des fêtes, le PS a encaissé, en même temps que la défaite, les huées de ses propres électeurs : *« La peste, c'est vous : la peste rose. »* *« C'est la première fois qu'on nous le criait en face »,* dit un ancien adjoint.

Briois et Binaisse ont toutefois un point commun : ils sont aussi timides et maladroits l'un que l'autre, des visages sans fard, que rien ne prédestinait à porter le poids d'un combat national. Dans le hall de l'hôtel de ville, ils paraissent soudain déroutés de tomber sur l'autre, une rencontre qu'ils avaient réussi à éviter pendant toute la campagne. Ils voudraient filer en douce, mine de rien. *« Puisque vous êtes là, je vais vous transmettre les dossiers »,* finit par dire Eugène Binaisse.

Il pousse la porte de son bureau. Steeve Briois regarde autour de lui. Ça y est, enfin. En vingt ans d'opposition, il y est rentré deux ou trois fois, peut-être. *« Toutes les lampes fonctionnent, mais pas la télé. Dans ce tiroir, vous trouverez une réserve d'écharpes tricolores »,* commence Binaisse.

Et Briois, sans rire : *« Me voilà habillé pour l'hiver. »*

134

Les regards balaient les tiroirs vides, la bibliothèque dépareillée, quelques volumes de Molière qui voisinent avec *Le diable en rit encore*, édition du Reader's Digest, ou un manuel intitulé *Modèles de discours pour dirigeants efficaces*. Doucement, la page d'histoire que les éditorialistes sont déjà en train de commenter vire au vaudeville.

Jean-Richard Sulzer – futur responsable des finances, un poste-clé – vient d'entrer à son tour dans le bureau. Il s'approche d'un secrétaire en bois ancien. Miracle ! Sulzer découvre un tiroir secret. Il bout d'excitation. À une précédente passation de pouvoir, alors que le maire sortant, Gérard Dalongeville (PS), était déjà en prison pour « *détournement de fonds publics* », 13 000 euros en liquide avaient été découverts dans un coffre dissimulé derrière une boiserie. Cette fois, la cachette est vide. « *Il y en a sûrement d'autres* », s'acharne Sulzer, en reprenant la fouille.

Brois, lui, demande à Binaisse : « *Vous receviez beaucoup de courrier ?*

– *Trop,* répond Binaisse, accablé.

– *Et les dossiers ?*, dit Brois.

Binaisse, tout à trac : « *On a parlé d'incompétence : je l'étais, mais pas autant qu'on l'a dit.* » Ailleurs, ça s'appellerait probablement une gaffe, mais, à Hénin-Beaumont, un jeune blogueur a inventé le nom délicieux de « binaissade ». En ville, on se les raconte avec gourmandise. « *Et vous connaissez celle de la coiffeuse ? En pleine campagne électorale, Binaisse assiste à l'inauguration d'un salon. "Vous viendrez ?" demande la patronne. "Non", s'indigne Binaisse. "J'ai mes habitudes chez un coiffeur de la galerie commerciale d'Auchan. Et c'est moins cher."* »

Dans les rues autour de l'hôtel de ville, les gens

affluent pour la cérémonie. Il est 9 h 30. On veut en être. On veut voir. On veut savoir. Ici, la politique – surtout municipale – fait partie de la vie quotidienne. Jusque dans les années 1990, la mine ou les usines pourvoyaient à tout, le travail, la maison, l'hôpital. Le paternalisme des élus a, sans transition, remplacé celui des patrons après l'effondrement industriel de la région. *« Aujourd'hui, on est content quand les gens viennent en mairie demander "seulement" un logement »*, explique une employée. *« Parce que du travail, même chez nous, il n'y en a plus. »* À Hénin-Beaumont, la municipalité emploie déjà 750 personnes, contre 400 en moyenne pour une ville comparable.

En haut, dans le salon d'honneur, Marine Le Pen répond à la télévision italienne : *« Vous allez voir, il n'y a rien à craindre de nous. Et plus vous allez nous connaître, plus vous allez nous faire confiance. »* Elle s'est installée au premier rang du public pour l'intronisation. *« Hénin-Beaumont n'est que le début »*, poursuit-elle. Selon elle, le Front national remportera aussi les élections européennes au mois de mai, ce qui permettra de *« renforcer les frontières »* et de *« sortir de l'euro »*. À ses côtés, Sylvie acquiesce : *« Si Marine le dit, elle a raison, elle a fait des études. »* D'habitude, on croise surtout Sylvie au Bar de la République, où elle sert son café à Marine Le Pen le matin.

À vrai dire, l'assistance est surtout formée de jeunes gens aux joues fraîches, chemises blanches sentant la lessive, un FN comme neuf, toute une génération politique vierge, qui n'avait jamais milité et qui a adhéré en masse après les législatives de 2012, perdues à 118 voix près contre le socialiste Philippe Kemel. Aux municipales, cette fois, c'est eux qui ont formé l'essentiel des listes montées par le FN dans les vingt-sept villes du bassin minier repérées par la fédération pour avoir voté Marine Le Pen à plus de 30 %. Ici ou là, des militants étaient déjà en place, un folklore parfois bruyant d'anciens légionnaires ou de militants de bistrots. « *Ils sont tous partis* », jubile un gamin en costume, 22 ans, étudiant en droit. « *Sinon, on les aurait virés de toute façon.* » Lui-même est tête de liste à Harnes, à une dizaine de kilomètres d'Hénin-Beaumont – le soir, il arrivera troisième au second tour, avec plus de 20 % des voix.

Ici, « *le FN a appris à s'éduquer* », estime Mohamed Zaoui. Il a 53 ans, une médaille olympique de boxe et une maison juste à côté du local loué par le FN depuis 2005 à Hénin-Beaumont. « *Des voitures stationnaient parfois, immatriculées au Havre ou à Rouen avec de vrais fachos, crânes rasés et tout le reste.* » Des groupes, devant la porte, se comportaient « *en maîtres* ». Quand l'un a insulté la fille de Zaoui, qui porte le foulard, il est allé protester. Le responsable s'est excusé : « *Si vous reconnaissez le coupable, je déchire sa carte du FN.* » Cette fois, pour les municipales, « *les militants allaient jusqu'à s'écarter pour me laisser passer en me disant : "Bonjour monsieur."* »

Il est 10 heures précises, dans le salon d'honneur. Après quelques passes de procédures, Steeve Briois est élu maire par ses 28 conseillers. En face, les sept autres se sont abstenus, PS, Verts ou PC. Jusqu'au dernier scrutin, la gauche concentrait ici tous les pouvoirs : la région, le département, la plupart des villes face à l'UMP, récoltant 5 % des suffrages à peine. Elle endossait aussi tous les rôles, celui de la majorité comme celui de l'opposition : à Hénin, chaque maire était jusqu'à présent renversé par son premier adjoint, du même bord à l'origine. Ces guerres internes tenaient lieu de vie politique, un huis clos d'une brutalité nue, d'autant plus féroce que la fédération du Pas-de-Calais, elle-même épuisée par les scandales financiers, peine à maintenir sa loi.

En 1995, quand Steeve Brios, 22 ans, est élu pour la première fois au conseil municipal de la ville, il commence par devenir un bon moyen, pour les autres, de régler leurs comptes entre eux. Dans la majorité municipale, chacun l'alimente en documents dérobés chez l'adversaire. Et il devient celui qui se lève en pleine séance, gamin rougissant, toujours un peu troublé, avec une tendance à s'embrouiller, surtout quand il dénonce ces messieurs. Il fait scandale, mais il fait rire. On lui coupe le micro. On l'humilie. L'enregistrement d'une de ses conversations secrètes avec Gérard Dalongeville commence à inverser le rapport de force en 2009. Un adjoint se souvient : *« Alors on s'est demandé : "Et s'il avait tout enregistré sur tout le monde ?" »*

Il va être 11 h 30 à l'hôtel de ville. Steeve Brios termine son premier discours de maire. Il y est question de police municipale et de baisse des impôts locaux, que les dettes de la commune ont fait tripler en quinze ans. Le public commence à entonner une *Marseillaise*, Marine Le Pen filme la scène au portable. Une centaine de citoyens se sont mis en file, humbles et patients, pour serrer la main au nouveau maire. Dehors, les policiers se félicitent entre eux. *« Bravo messieurs, il ne s'est rien passé finalement. »* Alors, dans le salon d'honneur, on entend Steeve Brios crier d'une voix étonnamment ferme : *« Vive Hénin-Beaumont ! »*

À Hénin-Beaumont, acte 6
7 avril 2014

Pour certains, c'est la première fois, ils ont en même temps peur et envie. Ils viennent de partout dans le Pas-de-Calais, ils sont très jeunes, très socialistes, leur chef a tout juste 22 ans. Peu avant les élections municipales, la fédération PS avait confié à sa section junior une distribution de tracts à Hénin-Beaumont. Hénin-Beaumont ? Depuis des années, la France entière a le regard fixé sur ce gros village où le Front national dévore des voix à gauche, de scrutin en scrutin. Cette fois, la mairie va tomber, sûr et certain, tout le monde le dit, deux livres ont déjà paru en librairie pour raconter la conquête du FN. Et au-delà de l'enjeu local, ce sera la fin d'une époque, en tout cas son symbole, le trou noir politique où le pays s'est mis à basculer. Pour eux, c'est la première campagne.

« On va gagner à Hénin-Beaumont. » C'est un haut dirigeant socialiste de la région qui parle, toujours pendant cette même période, juste avant les municipales. Il est calme, une sorte de divinité dédaigneuse. Il n'a aucun doute : *« À chaque fois, on nous annonce la défaite, mais on y arrive toujours, à la fin. »* Cela fait cinquante ans que le Parti socialiste rafle tous les pouvoirs dans le Pas-de-Calais.

Pour ces élections-là, la stratégie du PS consistait

à démarrer le plus tard possible sur le terrain. Alain Wacheux, le maire PS sortant de Bruay-la-Buissière, a commencé à serrer les mains le 12 mars, deux semaines à peine avant le vote. « *À quoi bon faire campagne ? Tout le monde me connaît.* » Son père était maire avant lui, il en est à son deuxième mandat, toujours élu haut la main dès le premier tour.

En fait, le porte-à-porte doit surtout servir à récupérer « *les abstentionnistes* », explique-t-on aux jeunes socialistes. Rudy, militant depuis un an, retient quelques formules à la volée. « *Il faut provoquer un sursaut* », « *faire barrage à l'extrémisme* », « *expliquer que l'extrême droite était contre les ouvriers pendant les grèves des années 1930 alors que la gauche les soutenait* ». Rudy a 18 ans. Il se souvient « *qu'il ne voyait pas le rapport* », mais n'a rien osé dire. En remontant l'enfilade des maisons de brique d'Hénin-Beaumont, il a vu les visages se fermer. Quelqu'un crie « *socialiste, traître !* » et un autre « *dehors !* ».

Ici, une personne sur cinq n'a pas d'emploi, mais certains candidats PS renâclent à accepter les chômeurs sur leur liste. « *Ça donne une mauvaise image* », assène un cadre, du côté de Lens. Sur les sites électoraux, la photo d'un élu dînant avec des amis ou installé devant une bière peut entraîner un coup de fil aigre sur « *le laisser-aller de l'équipe* ».

À Hénin-Beaumont, un grand type en bermuda partage une unique cigarette avec sa femme et la voisine. Aucun des trois n'a 25 ans, tous vivent chez leurs parents. « *Il faut déjà être contremaître, pour se permettre de voter PS* », dit-il. « *Chez eux, il n'y a que des grosses têtes.* » Sa femme se présente : « *Je suis petite-fille de mineur.* » Elle ne voit pas ce qu'elle pourrait annoncer d'autre comme raison sociale. Ici, le charbon a tout recouvert, comme si l'histoire ne commençait qu'avec les mines. Mais avant, qu'est-ce qu'il y avait ? La question désarçonne Didier Domergues, conservateur de musée à Bruay-la-Buissière. Il finit par répondre : « *Rien, des champs.* » Et après, à la fermeture des derniers puits, dans les années 1990 ? « *Rien non plus, un peu d'automobile, en déclin aussi.* »

Devant sa porte, le grand type en bermuda explique que les mineurs « *fournissaient l'énergie à la France. On était puissants, on était quelqu'un* ». Aujourd'hui, qui donnerait ce sentiment-là à la jeunesse ? La voisine : « *Le FN. On existe avec eux. Il nous donne un rang national, ça réactive le passé.* » La femme du grand type éteint la cigarette. L'autre jour, elle est allée protester contre les impôts locaux auprès d'un élu PS. « *Il m'a répondu : "De quoi vous vous plaignez ? Vous avez le plus grand Auchan d'Europe à côté de chez vous."* »

Dans le centre commercial, justement, entre l'hyper-marché et le magasin de jeux vidéo, l'armée française a installé pour quelques jours un centre d'information. C'est dans le Nord-Pas-de-Calais que se recrute un quart de l'effectif militaire national. L'officier tente une explication statistique : la région compte davantage de 18-25 ans qu'ailleurs, dont un sur quatre décroche du système scolaire. « *J'ai envie de faire quelque chose de ma vie* », annonce Kevin, en retirant son dossier. Sa mère se rengorge : « *Kevin regarde toujours le 14 Juillet à la télé.* »

« *Tu sais, soldat, c'est un métier dur* », tempère le gradé, en faisant la grosse voix. Kevin rétorque : « *On sera tous ensemble, soudés.* »

Kevin vote FN, mais dans sa ville, Dechy, quelques kilomètres plus loin, les trois listes sont toutes de gauche : PS officiel, PC officiel et dissidents des deux pour la dernière. *« On se sent vraiment exclus, parce que le FN, c'est la mode »*, râle le gamin.

Dans le Pas-de-Calais, Joachim Guffroy, 22 ans, président des Jeunes socialistes, a vu la campagne du Front national débuter plus d'un an avant les municipales. Les étudiants du Front font la tournée des facs et des lycées. Ils tractent devant les usines. *« Nous, on n'y va plus. Le problème n'est pas eux, mais nous, le PS. Nous portons une très grave responsabilité dans ces élections. »*

À Hénin-Beaumont, deux gamins sur une mobylette tournent devant l'hôtel de ville, où le nouveau maire FN pose devant le buste de Jean Jaurès, député socialiste, pour fêter sa victoire. *« Le Front national, c'est à droite ou à gauche ? »*, demande un des gamins. Ils rient sans donner de réponse. C'était leur première campagne.

II
Au camping

« Ici, c'est le bout du monde »
30 juillet 2013

C'est l'hiver avec un ciel sans couleurs, tombant bas sur l'horizon comme un drap mouillé. Le froid pénètre jusqu'aux os. Quand les six jeunes gens ont quitté Arles (Bouches-du-Rhône), on leur a dit qu'ils avaient de la chance : le mistral ne souffle pas ce jour-là. En roulant vers la mer, ils devraient tomber sur un village, Salin-de-Giraud, le seul sur ces 80 000 hectares de Camargue entre les deux bras du Rhône.

Gérard conduit. Cela fait 40 kilomètres qu'il suit une route étroite et longue, bordée de rizières. Elle lui semble interminable et à des années-lumière du reste du pays.

Voici quelques maisons, enfin. La voiture s'arrête. Et là, au milieu des marais et des taureaux, s'alignent des rangées de corons, serrés les uns contre les autres, une cité ouvrière tout en briques rouges et jardinets, comme on en voit dans le nord de la France ou en Belgique.

Plus tard, pendant des années, Gérard entendra souvent répéter sur tous les tons de l'émotion et pour parler de ce coin-là : *« Ici, c'est le bout du monde. »* Cette fois, il pense plutôt : c'est la fin du monde. On est en 1978. Gérard a 20 ans.

Dans cette plaine, où aucun hameau ne s'est jamais construit, deux entreprises se sont implantées depuis le XIXe siècle : Pechiney, qui extrait du sel, et Solvay, une société belge, qui le transforme en soude pour la fabrication du savon de Marseille, selon un procédé tenu secret. Toutes deux ont fait venir et installé plus d'un millier d'ouvriers, venus de Grèce, d'Italie ou des départements français alentour, dont elles épongent la misère.

Les jeunes gens descendent de voiture. Ils vendent des sérigraphies au porte-à-porte, des images représentant le Sacré-Cœur de Montmartre, un colley, un clown ou encore leur meilleure vente, baptisée *La Femme nue*, une Africaine sur une plage enroulée dans un seul filet à poisson. Ils se fournissent à 40 centimes pièce, parviennent parfois à les revendre 400 francs. *« C'était nouveau, osé*, dit Gérard. *Tout le monde la voulait. »* Mais il redoute qu'ici, à Salin-de-Giraud, les choses ne marchent pas forcément comme ailleurs.

Les jeunes gens remontent les corons, l'un après l'autre, des logements étriqués, imbriqués les uns dans les autres avec beaucoup d'enfants, peu de pain, et des yeux qui vous scrutent comme s'ils n'étaient pas habitués aux visages nouveaux. En moyenne, les vendeurs fourguent une douzaine d'images par jour. À Salin-de-Giraud, c'est la folie : ils arrivent à plus d'une centaine.

Au bout du village, une flèche indique « plage de Piémanson ». Cette vente miraculeuse a donné à Gérard l'humeur de voir la mer. Il remonte en voiture et, de nouveau, cela n'en finit pas, quinze nouveaux kilomètres. Le bitume bute brusquement sur des dunes et des herbes avec, juste devant, la mer d'un bleu qu'on ne prête pas souvent à la Méditerranée, trouble, bavant d'écume. Gérard se dit qu'il a trouvé l'endroit où il reviendra toute sa vie.

Trente-cinq ans plus tard, en arrivant au même endroit

depuis les corons de Salin-de-Giraud, une ligne brillante strie le ciel : le miroitement de carrosseries, celles des milliers de caravanes, voitures, camping-cars qui occupent le sable de mai à octobre. L'air paraît d'huile chaude.

Un 4 × 4 passe, annonçant l'élection de Miss Piémanson : « *Inscrivez-vous.* » C'est Gérard qui conduit. Entre-temps, il s'est marié, il a divorcé, il s'est remarié, il a monté une casse de voitures, il a fait des affaires, il a gagné et il a perdu. Il revient tous les étés à Piémanson, où il dirige une des associations de la plage. On l'appelle « Président », sans que nul soit dupe. Personne ne représente personne.

Ici, il n'y a d'organisation d'aucune sorte, les gendarmes passent deux fois par jour, des pompiers qui surveillent la mer : c'est tout. Il n'y a ni point d'eau, ni électricité, ni infrastructures, ni toilettes, ni approvisionnement en quoi que ce soit, sauf une manière de guinguette, « Chez Cathy », qui ravitaille plus de 10 000 campeurs en indispensables Red Bull et bières, vodka, piles électriques et glaçons. Pour le reste, chacun se débrouille.

Piémanson est restée une incongruité, la dernière plage d'Europe, 10 km de long, où le camping sauvage est toléré. Pas autorisé, pas interdit, mais « possible » : c'est ce mot-là qui définit l'endroit aujourd'hui.

« *On est dans un truc spécial, inimaginable pour quelqu'un qui ne serait jamais venu*, répète un informaticien. *Ce lieu me paraît le dernier où tout paraît possible.* » Il vient camper là depuis six ans, « initié » par une amie. « *Si tu n'as pas quelqu'un pour t'amener, si tu n'as pas le mode d'emploi, tu en baves pour survivre.* »

« Comme les cow-boys dans la ruée vers l'or »
31 juillet 2013

Ce n'est pas une plage, mais un pays à part, avec ses propres règles. *« Entre nous, on l'appelle Soweto »*, dit Gaël Hémery. Le surnom a été trouvé par les gendarmes, croit se souvenir Hémery, qui travaille au parc naturel régional de Camargue. En tout cas, dans la région d'Arles, tout le monde a adopté l'appellation.

« Soweto », donc – comme le plus grand township d'Afrique du Sud, surpeuplé, chaotique, révolté contre le reste du monde –, se trouve au bout de la départementale 36b, à l'endroit où le bitume se dissout dans le sable pour finir dans la mer. « Piémanson », dit la géographie locale. La moitié de l'année, les gendarmes y patrouillent comme partout en France, tapant la maigre piraterie des plages, les voitures qui roulent trop près du rivage, les caravanes sans immatriculation ou les campements non autorisés. Les mois d'été racontent la même histoire, mais à l'envers. *« Du jour au lendemain, sous tes yeux, ce qui est interdit devient possible. Et la seule chose que tu peux faire, c'est te mettre au garde-à-vous devant ceux que tu aurais verbalisés la veille »*, dit un gendarme.

Pendant la dernière semaine d'avril, les caravanes commencent à arriver, une à une, pour venir se stocker sur une aire à l'entrée des dunes. Elles sont bientôt une centaine, celles des irréductibles, secouées par un vent à ne pouvoir rester debout et cernées par la mer encore haute sur le sable. « *On dirait des oiseaux prêts à fondre sur leur proie* », continue le gendarme. Lui se met à éviter le lieu. Il ne veut même plus en parler. « *J'avoue, ça me rend dingue.* »

Dans les caravanes qui attendent, on s'est mis à décompter les heures dans un mélange d'adrénaline et de trouille : l'entrée sur la plage et l'installation des campements est tolérée à partir du 1er mai. « *C'est notre drogue, notre truc*, dit quelqu'un. *Toute l'année est tournée vers ça. Ici, on se sent libre.* » Alex a pris une semaine de congé « *pour être sûr de ne pas louper le coup* ». Chapeau de cuir noir, chapelet autour du cou – bien qu'il ne croie pas en Dieu –, un cigare épais et court entre deux doigts : Alex est routier à Fos-sur-Mer. Il possède aussi un don de guérisseur, mais en parle plus rarement. La température est tombée à 5 degrés quand on décide de lancer des grillades au milieu des bourrasques. On boit aussi, en essayant de ne pas exagérer. « *Il faut rester frais*, avertit un mécanicien. *Jusqu'au dernier moment, les gendarmes peuvent venir nous boucher le passage.* »

La plage se vit comme un sujet sensible, en sursis, au gré des arrêtés préfectoraux, des projets immobiliers pour millionnaires, des manifestations d'écologistes. « *Le claquement de doigts d'un puissant, et ça ferme* », s'effraie un électricien. Pendant l'hiver, les habitués des dunes (c'est-à-dire presque tous) ne résistent généralement pas à passer à Salin-de-Giraud, le seul village à proximité, pour « *essayer de savoir* ». « *Un commerçant m'a dit : pour 2013, c'est bon. Mais qui sait, l'an prochain ?* » Autour, on se tait, soudain grave.

Dans les caravanes, déjà rangées en file pour s'engager sur la plage, un retraité sonne soudain l'alarme. Des campeurs se seraient faufilés avant l'heure pour rafler les meilleurs endroits. Un groupe s'arme de lampes torches. Personne. On se ressert un coup de rosé, puis un autre. *« De toute façon, si quelqu'un prend ma place sur la dune, je le frappe »*, dit une femme. Elle tient une onglerie, du côté de Nîmes. *« Si c'est un étranger qu'on ne connaît pas, je l'accepterai à la limite. Mais pas quelqu'un de la plage : il faut du respect entre nous. »* La place, voilà l'enjeu sur cette bande limitée de 10 km de long. Chacun veut poser sa caravane là où elle était l'an passé. Mais comme rien n'est réglementé, le droit revient au premier arrivant. Rien qu'à y penser, le stress remonte. Un nouveau cubi de rosé sort d'un coffre.

En fait, ils se connaissent tous, entre habitués. Des petites bandes se forment, qui se voient rarement le reste de l'année, mais soudées d'été en été, à coup de fêtes, de solidarité, de brouilles. On se réveille la nuit pour désensabler un copain, on se remarie avec sa femme l'année suivante. La plage grouille de ces souvenirs-là. On aime à se le rappeler quand l'aube se lève enfin.

C'est le 30 avril. Vers 17 h 30, douze heures avant le coup d'envoi, une voiture démarre vers les dunes, toute seule. Rien ne l'arrête, ni gendarmes ni campeurs. Alors, derrière, ça démarre *« comme les cow-boys dans la ruée vers l'or »*, dit Eric. Le convoi longe les dunes, un petit passage de rien du tout, au ras des vagues. Nénesse crie, à travers la portière ouverte : *« Ça y est, on est chez nous. »*

« On est seuls au monde, on peut tout faire »
1er août 2013

Tout au bord de l'eau, sur la plage déserte, Nénesse et Serge ont tiré une chaise en plastique blanc, plutôt cabossée. Dessus, ils installent Goliath qui s'est déboîté le genou, mais ne voit pas pourquoi ça le priverait d'une partie de pêche. Goliath est un surnom, comme beaucoup en portent ici. Sur les dunes de Piémanson, on serait bien incapable de dire qui est Goliath pour l'état civil. De toute façon, on s'en moque.

Le jour se lève, un peu voilé. Goliath râle. Sa chaise est mal placée. Il plante quand même ses béquilles dans le sable, paire de totems qui lancent des éclairs de métal. Il allume une cigarette et engueule les deux autres : « *Regardez où vous avez mis vos cannes à pêche !* » Serge et Nénesse sont en train de s'échiner à mi-taille dans la mer. Goliath continue : « *Vous n'attraperez rien aujourd'hui.* » Goliath regarde sa montre. La femme de Nénesse doit lui faire sa piqûre. Elle est infirmière, enfin, disons qu'elle a appris en regardant *Dr House* et *Urgences* à la télé.

La semaine dernière, elle a recousu le pouce d'un type qui s'était salement coupé. Elle avait annoncé : « *Si j'ai un doute, j'appellerai quelqu'un qui regardera sur Internet.* » L'autre option serait de quitter le huis clos de la plage, rouler 40 km dans les marais salants ou prendre un bac pour passer le Rhône et revenir dans l'autre monde. « *Au fait, je n'ai rien pour anesthésier* », s'est souvenue Mme Nénesse au dernier moment. Le type a fait : « *Vas-y, couds, Mme Nénesse.* »

Goliath crie à Serge : « *Qu'est-ce que vous avez pêché ?* » Serge met des loups dans un seau sans répondre. « *Tu profites d'avoir des béquilles pour nous commander* », rigole Nénesse. « *Moi aussi, je vais me casser le genou pour être chef.* » Il se retourne. Goliath les a rejoints dans la mer avec son genou, son attelle et ses béquilles.

Le soleil est déjà brûlant, mais on n'arrive pas à le distinguer dans le ciel blanc. En face, devant une caravane, deux femmes discutent dans des transats. « *On est arrivées à minuit. En passant la digue, j'ai senti l'énergie de Piémanson monter en moi. J'ai détaché ma ceinture de sécurité sur le terre-plein, j'ai mis la musique à fond, j'ai pensé : "Je suis arrivée".* »

Elle agite un éventail violet et jaune. « *On s'est baignées tout de suite, dans la nuit. L'eau, c'était du miel. Juste après, on a attaqué le limoncello.* » Elle se lève. « *Tu sais quoi ? Je boirais bien un whisky, ça me donnerait du tonus.* » Elle a oublié d'apporter des glaçons. « *Un campement sans glaçon, je vais à la mort : comment j'ai pu faire ça ?* »

Elle fait un geste pour aller à la caravane voisine, mais se souvient qu'ici, demander des glaçons, c'est tabou. Elle se met à chanter avec la radio, en bougeant doucement dans son deux-pièces incrusté de sable : « *Comme un crochet, je suis accrochée à toi.* » Sa copine ouvre les yeux. On la sent partie pour faire une grande déclaration. « *Ici, je n'ai même plus envie de regarder Facebook.* » Soupir de l'autre : « *Je pensais que tu allais me proposer des glaçons.* »

Une année, Goliath et sa femme étaient allés dans un camping normal, un truc à 50 euros la journée. Il y avait tout, évidemment, électricité, douche, toilettes, piscine, glaçons à gogo et sans doute une infirmière, voire deux. Ils sont revenus ici l'année suivante. *« Au début de l'été, il n'y a rien, du sable et du sel, une plage brute, une terre vierge où on s'installe, toute pour nous »*, dit Loulou. Il a profité que Goliath laisse sa chaise vide pour s'y asseoir. Entre soi, ça ne se fait pas non plus ici de demander sa profession, mais Loulou a appris – par hasard, et au bout de plusieurs années, précise-t-il – que Serge travaille dans une grosse usine et que sa femme dirige un fast-food du côté d'Avignon. *« Eh bien, même eux galèrent pour apporter l'eau jusqu'ici et monter leur campement avec rien du tout ! Riches et pauvres n'existent plus. On est seuls au monde : on peut tout faire. »*

Sur ses 10 km, le campement doit compter deux télés, qui tournent à l'énergie solaire ou au gaz, comme tout ici. On a pensé les allumer une fois pour voir un reportage sur Piémanson. Tout le monde était autour, religieusement. De manière fugace, Goliath a pensé : *« Pour qui ils nous prennent les gens qui regardent la télé ? Des Roms ? Un camp d'entraînement pour Koh-Lanta ? Des gens en caravane, qui vivent tout nus en communauté ? »*

« J'ai du piston, je connais les gendarmes »
2 août 2013

Sur la plage de Piémanson, on allait danser. L'établissement s'appelait Chez Tony, un assemblage de planches, rustique comme les saloons dans *Lucky Luke*. C'était illégal, bien sûr, mais tout est illégal ici. Le fameux Tony recevait régulièrement des contraventions, qu'il prenait soin de déchirer en public, au cri de : *« J'ai du piston, je connais les gendarmes. »*

La scène, très prisée, contribuait à faire mousser le lieu, la musique repartait plus fort, les voitures grimpaient sur les dunes, paraissant danser elles aussi, se renversant parfois, s'arrêtant au ras des vagues, confortant chacun dans la certitude d'être dans un endroit unique, un paradis primitif, inviolé, peuplé de pêcheurs, de gentils bandits et de pratiques au charme ambigu, doucement sauvages.

À vrai dire, en Camargue, ce bout de Méditerranée s'est longtemps vécu comme échappant aux règles communes. Dans les années 1970, ici comme ailleurs, le gouvernement de Georges Pompidou veut aménager le territoire pour les décennies à venir. La découpe se fait à grands traits : à partir de Port-Saint-Louis, la côte est vouée à l'est à l'industrie – Fos-sur-Mer et le grand port de Marseille ; à l'ouest, ce sera le « tourisme de masse », avec Le Grau-du-Roi, Palavas, La Grande-

Motte. Entre les deux, dans le delta du Rhône, restent ces 25 km d'une côte toujours disputée à la mer, un territoire de marais, flou, à peine peuplé si ce n'est un gros bourg, Salin-de-Giraud, construit pour les besoins de l'industrie du sel. *« Pompidou était proche des grandes familles locales, mais je crois que cela partait d'une idée généreuse de sa part »*, dit Gaël Hemery, du Parc naturel régional de Camargue.

L'enclave a sans doute été protégée aussi par son nom et l'imaginaire qui s'y rapporte, estime Estelle Rouquette. La conservatrice du musée de Camargue reçoit souvent des coups de fil prudents, comme s'il fallait être coopté pour s'aventurer jusqu'ici : *« Alors ? Il paraît que vous êtes capable de me faire entrer en Camargue ? »* Au-dessus de son bureau, elle a punaisé une affiche de Joë Hamman, gomina, chapeau noir à large bord, lèvres fines paraissant maquillées, l'incarnation du gardian dans le cinéma des années 1920 quand le mythe se mettait en place. *« Il y avait la vision romantique d'une terre à la fois innocente et dangereuse*, dit la conservatrice. *Ici, les gens disent se sentir libres. Pourquoi ? C'est étrange. Il y a pourtant peu d'endroits avec autant de contraintes, celles d'une nature ingrate, violente et d'un statut particulièrement rigoureux, avec dix-huit strates de réglementation. »*

L'histoire de Juju, qui commença pêcheur à Port-Saint-Louis, est restée un des symboles de ces plages où rien n'est légal mais tout est possible. Dans les années 1970, des aménagements commencent à imposer des règles de construction sur le littoral de Camargue, des parkings payants, des interdictions de camper, notamment aux Saintes-Maries-de-la-Mer et à Port-Saint-Louis.

Dans l'espace qui se réduit, Juju s'enfonce sur la même côte, quelques kilomètres plus loin, à Beauduc, une zone « restée libre », comme on dit ici. Quatorze kilomètres de piste y conduisent, que les habitués eux-mêmes mettent plus d'une heure à remonter, troués de fondrières, occupés par les taureaux, avec des coins où les voitures s'ensablent et d'autres où elles dérapent. Aux abords de la plage, une centaine de cabanons se transmettent de famille en famille, pêcheurs, chasseurs, plaisanciers locaux, construits comme chacun a pu au hasard des récupérations, morceaux de caravanes ou de bus, baraques qui oscillent entre les abris troglodytiques et les coups de génie du facteur Cheval.

Le pêcheur Juju a beaucoup de choses pour lui : une tête à supplanter Raimu dans tous ses rôles, du charisme, du bagout et, pour ses plus chers clients, il accepte aussi de faire cuire ses poissons. On le lui demande de plus en plus souvent. Juju sort des tables, quatre ou cinq d'abord. Puis ça finit en restaurant, baptisé Chez Juju, comme il se doit.

Chez Juju, cabanon à peine amélioré, devient un endroit terriblement surprenant, pas tout à fait loin mais vraiment ailleurs, célèbre et secret, qui épate ceux que plus rien n'épate. On y entraîne ses amours clandestines ou, au contraire, les grands du monde. Juju installe les convives au gré des arrivées, tables communes de 20 ou 30 couverts où le voisin est Jack Nicholson, Caroline de Monaco ou un dentiste d'Arles. Des Gitans jouent toute la nuit.

Autour, des cabanons se construisent, toujours plus nombreux et, juste en face, un second restaurant. Par bonheur, le patron se brouille avec Juju. Les grands soirs, ils se battent, insultes et coups. Les clients adorent. Juju paie tout, taxes foncières et impôts, mais Beauduc est en zone non constructible. Tout pourrait être détruit, dit périodiquement la rumeur. Edith, la fille de Juju, se souvient : *« Comment aurait-on pu y croire ? »*

« Barricadés avec des fusils, comme en 14 »
3 août 2013

Jusqu'au dernier moment, l'opération a été tenue secrète : la veille, à 21 heures, les gendarmes autour d'Arles ont reçu l'ordre de se tenir prêts, avec leurs gilets pare-balles, pour une destination inconnue. La réquisition d'un bulldozer aurait pu aussi éveiller les soupçons. Alors, le préfet les a fait venir du Nord, à l'autre bout du pays.

Le lendemain, vers 7 heures, 200 hommes en uniforme se déploient, deux hélicoptères labourent le ciel, un des raids les plus importants de Camargue. Objectif : démolir deux restaurants et quinze cabanons, construits sans autorisation sur un lambeau de plage à Beauduc. *« Vu de loin, ça peut sembler dérisoire*, se souvient un gradé. *Ici, c'était la guerre. »* On est le 30 novembre 2004.

Edith Camacho a 42 ans. Elle est la fille aînée de Juju, patron d'un des deux restaurants en question. En cas de menace, elle a son plan, dynamiter les ponts sur la piste et se *« barricader tous ensemble avec des fusils, comme en 1914 dans les tranchées »*.

Mourir pour Chez Juju et son loup flambé au pastis, mourir pour les dunes mouvantes et leurs cabanons déglingués, oui, Edith aurait pu. Mais l'opération a été soigneusement planifiée à la saison d'hiver, quand la famille de Juju s'est repliée hors de Beauduc. Le jour de l'assaut, Edith est bloquée de l'autre côté des barrages, qui bouclent la zone.

Il existe des choses vitales pour qui habite une plage où les sables moutonnent à l'infini, plantée de grosses herbes ébouriffées, avec des coins de pêche divins, des flaques à coquillages mais sans aucune infrastructure ni commodité : la tempête qui emporte tout, par exemple. Ou alors la piste quand elle devient impraticable et que rien ne vous relie plus au reste des humains. Ou le groupe électrogène qui tombe en panne, les réserves d'eau douce qui viennent à manquer.

Bien que considérés comme moins graves, d'autres soucis peuvent émerger aussi. Le nombre de cabanons, par exemple. Longtemps, Beauduc a été occupée seulement par quelques pêcheurs. Or, les plaisanciers du coin se sont mis à construire à leur tour, à partir des années 1980 surtout, si bien qu'on en est vite arrivé à 400 cahutes, bricolées, mal fichues, mais bien plantées quand même.

L'affolement des autorités s'est mis à gonfler avec le site. Il faut dire qu'administrativement parlant rien de tout cela n'existe : pas de permis, pas de cadastre, rien. Face à l'État, qui se met à enclencher des procédures de destruction, une résistance locale s'est elle aussi organisée, par le biais d'associations, pour légaliser les cabanons et même les faire classer au titre de « patrimoine vivant », comme on le ferait pour de l'art brut.

Tout le monde en parle, mais personne n'arrive à croire vraiment que Beauduc pourrait disparaître. Surtout pas Juju. De ce nulle part incroyable, il a fait un endroit culte, un genre de « Big Sur » à la française, ce coin isolé et mythique sur la côte Ouest américaine, où viennent rêver d'ailleurs des célébrités initiées.

Edith a grandi là, entre Roman Polanski ou la princesse Paola et Georges le pêcheur, qui ne connaît d'autre ciel que Beauduc. Juju trône en pacha, les clients se battent pour l'avoir près de soi. *« On discutait de la même façon avec tout le monde. Si quelqu'un nous déplaisait, on le virait, même arrivé en Ferrari. Autour, les gens riaient. C'est ce qu'ils venaient chercher ici, une virée dans notre univers à nous, mais on n'en avait pas conscience à l'époque. On croyait que le monde entier était comme Beauduc. »*

Juju aurait voulu qu'Edith fasse de la politique. Qu'elle soit élue députée, plutôt à droite, comme lui, famille et tradition. Juju avait de l'ambition pour ses quatre filles et elles avaient pour lui un amour passionnel. Mais Edith n'envisage pas alors de quitter Beauduc. Elle s'y marie, se met en cuisine, enterre Juju, emporté par un cancer, reprend le restaurant, élève ses fils comme elle-même l'a été, avec l'école de temps en temps quand les horaires conviennent et au volant de la voiture dans les dunes, dès l'âge de 7 ans.

Depuis la destruction lui revient parfois un souvenir – dérisoire forcément – comme ces remerciements de Claude François, envolés comme le reste dans la bataille. Edith le chasse très vite. Elle n'est jamais retournée à Beauduc. Elle fait des remplacements à la cantine scolaire de Salin-de-Giraud, son mari des vacations à la mairie, un fils est cariste chez But.

Avec la fin de Beauduc, il ne reste plus qu'un espace hors la loi : les 10 km de sable à Piémanson. Face à la mer, dans les cabanons, on y appelle souvent Beauduc *« la blessure »*. On se dit : *« Les prochains, c'est nous. »*

« J'ai mis un drapeau corse, ça fait peur »
5 août 2013

La remorque d'Albert s'arrête dans l'allée de sable, mais il fait bien trop chaud pour que quiconque se risque à bouger dans les campements, même la bande des enfants. Le fils d'Albert claque la portière : *« Maman, viens voir, on a une surprise ! »* Il a une dent de devant qui manque et le visage tuméfié par les piqûres de moustiques. La mère finit par sortir, vêtue d'une sorte de nuisette. Pourquoi elle s'habillerait ? Dans ce cas-là, autant passer des vacances dans un endroit normal, *« avec des heures et des règlements pour chaque chose »*.

En voyant le chargement dans la remorque d'Albert, la mère pousse un cri de joie : c'est un canapé en skaï noir, un peu défoncé, mais pas tout à fait. Cette année, tout le monde veut son canapé, c'est la mode de l'installer devant son campement, sur le sable, face à la mer.

Les gens sortent, un à un, voir la bête qu'a ramenée Albert. Il prend l'air modeste de celui qui a réussi un gros coup et qui le sait. Il ne résiste pas à raconter l'histoire : *« Ça s'est fait par hasard, en rentrant d'Inter-marché. Je m'étais dit : "Allez, je me fais plaisir, je passe par la décharge municipale." »* Philippe le coupe : *« Moi, c'est pareil. Depuis que j'ai mon campement, je suis en chasse tout le temps, même l'hiver, et, comme je suis cadre dans l'industrie...* » Albert reprend plus fort pour couvrir la voix de Philippe : « *Donc, j'ai vu tout de suite le canapé au-dessus d'un container. Un Arabe était déjà en train de fouiller dedans, monté sur une échelle. Il a suivi mon regard vers le canapé. On s'est dévisagé. Il a paru hésiter. Finalement, il a dit : "Tu peux le prendre."* » On sort le pastis et les chips. La mère en nuisette s'est couchée sur le skaï noir.

La bande des enfants arrive, en criant : « *Attention, voilà les schmitts !* » La patrouille de gendarmes passe. Tout le monde se tait, par réflexe. Hier, on a piqué des choses dans une caravane. « *On ne leur fera pas le plaisir de porter plainte.* » Ici, il n'y a pas de chef, pas d'organisation, pas de structure. Parfois, par blague, quelqu'un est baptisé « maire du quartier ». Pour décrocher le titre, « *il faut boire le café avec tout le monde. Dire des conneries. Aider les voitures à manœuvrer dans le sable. Être un ancien de la plage* ».

C'est le cas de Vercingétorix, à l'autre bout des dunes, un campement de trois caravanes disposées en U derrière des auvents tendus. Pour y arriver, il faut passer devant des cahutes qui affichent successivement un étendard Bob Marley, les fanions d'une marque de bière, les couleurs d'un club de rugby, l'enseigne d'une boulangerie-pâtisserie, Che Guevara, une plaque « *Boulevard du Sexe* » et plusieurs drapeaux français.

« *Moi, j'ai mis le drapeau corse, parce que ça fait peur aux gens* », prévient Vercingétorix. Depuis deux ou trois ans, il en hisse aussi un second avec des fleurs de lys. « *Je suis ami de Louis XX sur Facebook* », il glisse. Après avoir voté Mitterrand, Arlette Laguiller et Le Pen, il est devenu royaliste. « *On a voulu faire la révolution, mais regardez où ça nous a conduits.* »

Dans le camp, discuter élections ne provoque plus ni passion ni même énervement. On ne vote plus. Vercingétorix ne croit pas connaître quelqu'un qui va encore à l'isoloir. Lui travaille dans l'artisanat d'art, enfin, *« je fais le boulot que les Italiens et les Polonais ne viennent pas me bouffer »*.

Trois fois, en plein hiver, il est venu à Piémanson pour se suicider. Il avait rencontré une femme, une Parisienne, invitée une saison par un entrepreneur dans sa caravane. Belle. *« Moi je suis gros »*, il dit. *« Mais ici, on est tous pareils, même nous, les moches. »* Quand elle l'a quitté, il a voulu mourir. *« Je suis arrivé ici, il n'y avait que moi et une autre bagnole. J'ai mis les pieds dans le sable. L'énergie m'est revenue. Je me suis dit : "J'ai mes gamins, j'ai la plage et tant qu'on arrive encore à payer son gasoil, je peux être heureux, un peu." »*

La bande des enfants passe en courant. L'un d'eux a trouvé un dauphin mort sur le rivage, les autres ont décidé d'y aller en pèlerinage. Cassandra voulait déposer un bouquet de fleurs, mais il n'y a pas beaucoup de fleurs par ici. Elle a proposé de faire au dauphin un long collier avec des bouts de canettes, pareil à celui de la Fête des mères. *« On va nous accuser de polluer, comme d'habitude »*, a râlé un petit. Ils ont fini par se baigner, la mer les a saisis par sa fraîcheur.

« Et si, un jour, tout ça disparaissait ? »
6 août 2013

Une brume s'étire qui rend tout vaporeux, la table et les bancs posés sur le sable, les plaques de tôle en guise d'auvent où se balancent à des crochets un ouvre-bouteilles et des canettes, les deux caravanes calées derrière, dont les rideaux se soulèvent comme les pans d'un vêtement. À l'horizon, la mer et un couple qui s'avance.

L'homme s'installe à la table. « *Je prendrai un café*, il dit. *Toi aussi, ma chérie ?* » Les cafés arrivent. « *Combien je vous dois ?* » « *Rien* », dit Kéké. Il s'éclaircit la voix d'une petite gorgée de bière. « *On fait des campements, pas un bistrot.* » Ça lui arrive, avec les baigneurs de passage qui ne connaissent pas Piémanson. Ils demandent aussi où sont les toilettes. Où louer des parasols. Où recharger son portable. « *Ici, il n'y a rien*, répète Kéké. *Seulement nous.* » Parfois, aux visiteurs, Kéké propose de montrer sa douche – pas d'en prendre une. Ici, tout s'offre, sauf l'eau douce, trop précieuse. La visite de la douche est toujours un moment fort à Piémanson, elle signe le style d'un campement, l'astuce des habitants ou leur sens du confort. Tous ont un truc, qu'ils laissent entrevoir, mais sans le livrer vraiment, un peu comme les coins à poissons entre pêcheurs. Celle de Kéké fonctionne avec une sulfateuse de jardin.

Il propose : « *Si on allait aux pontons ?* » En 4 × 4, l'endroit n'est pas bien loin, près de l'embouchure du Rhône. La voiture fonce sur une étroite lanière de sable où, entre les dunes et les vagues, se serrent des caravanes tremblantes de rouille, surélevées par des planches à cause des inondations. C'est en quelque sorte la « Grand-Rue » de Piémanson.

Chaque installation a essayé de gratter un peu d'espace sur celle du voisin, rajoutant trois morceaux de bois ou un bout de clôture. Le principe du camping sauvage voudrait que n'importe qui puisse s'installer à son gré. En réalité, les anciens guettent leur place, d'un été à l'autre. Parfois, ils se poussent pour un nouveau venu. C'est alors un grand honneur, l'adoubement de la plage.

Dans la Grand-Rue, ça klaxonne, ça se croise péniblement, ça s'ensable et, comme elle sert aussi de terrain de pétanque, les voitures dispersent bruyamment les boules en passant. Quelque part, une musique joue fort, envahissante. L'odeur de saucisses grillées monte du campement de Scholl, un générateur tourne avec un bruit d'hélicoptère. Les voisins protestent, ça se chiffonne. Et puis, le regard se pose au-delà de la frange des campements, vers la mer. Là, s'allonge une immensité de sable et de sel que ce grouillement de favelas, à quelques mètres, fait paraître, par contraste, encore plus épuré.

« *Et si un jour tout ça disparaissait ?* » dit Kéké. Et si, l'année prochaine, les interdictions tombaient contre le camping et les voitures, comme aux Saintes-Maries-de-la-Mer, à Port-Saint-Louis ou à Beauduc ? « *Ce sera quoi, nos vies, si on n'a même plus ça ?* »

164

Avant, dans le delta du Rhône, aucune réglementation ne régissait la côte de Camargue : il ne reste que Piémanson et ses dix kilomètres, dont des rumeurs prédisent la fin chaque année. *« Ici, on se sent les héritiers de cette liberté »*, s'enflamme Martine. Une formule, surtout, revient sans cesse : *« Ailleurs, on n'a plus le droit de rien. »* Martine cherche un exemple. Elle le trouve : *« On n'a plus le droit de porter des talons hauts quand on est caissière chez Super U. »* Une collègue s'est fait tomber une boîte de petit pois sur le pied, les chaussures de sécurité sont devenues obligatoires. *« Des fois, je garde les talons quand même. »* Martine reprendrait bien les ménages si elle pouvait.

Le 4 × 4 dérive maintenant avec nonchalance à travers les marais, un magma pâle de ciel et d'eau. Kéké raconte l'association de son village, derrière Arles, avec laquelle il fait de la figuration en armure pour des spectacles historiques. Ils partent le week-end, dorment sous la tente, une peau de vache posée sur de la paille, mangent de la soupe aux lentilles dans des écuelles, comme les chevaliers. Il soupire. Là encore, certains ne jouent pas le jeu. *« Des communes nous servent des plateaux-repas en plastique. »*

Voici les pontons, trois minces embarcadères de bois posés sur le fleuve, fragiles et pleins de grâce, comme des insectes d'eau sur leurs pattes. Des enfants et un chien jouent à sauter d'une barque. Un couple d'adolescents se lave les cheveux. Sur la rive, des herbes droites et des feuillages font un éclat de fraîcheur. Le temps est suspendu. Kéké ne dit plus rien. Un soir d'hiver, il est venu là. La glacière était pleine de bières, Nostalgie jouait à fond. *« Ça avait un putain de charme. »* Il ne viendra plus l'été prochain, plutôt partir de lui-même que se sentir un jour chassé du paradis.

« Une cité lacustre pour millionnaires »
7 août 2013

Voilà comment le scénario se déroulerait : une vague déferlerait, terrible, comme celle qui avait brisé des dizaines de caravanes en 1986 et laissé les campeurs pantelants sur le rivage de Piémanson. Si, par malheur, ce coup de mer causait un mort ou quelques blessés, le constat paraîtrait encore plus évident, coupant court à tout débat. La sécurité n'est pas assurée sur cette plage. Et tout s'enchaînerait.

Piémanson serait liquidé, avec son camping sauvage et libre sur une côte où le foncier explose, ses milliers de cabanons anarchiques et mal fichus plantés au ras des flots, cette incongruité juridique, géographique, voire philosophique, qui tolère sur 10 kilomètres de Méditerranée ce qui est interdit partout ailleurs en Europe.

À Piémanson commencerait alors une course au trésor autour de ce petit morceau de littoral miraculeusement vierge, à la fois ingrat et convoité. *« Qu'est-ce qu'on va en faire ? À qui profitera-t-il ? Depuis des années, l'affaire fait fantasmer toute une région, comme si se préparait le braquage du siècle »*, explique un élu d'Arles.

À l'origine, la plage relève d'une situation particulière. Si le littoral dépend de l'État (comme partout en France), les terrains pour y accéder appartiennent

166

aux Salins du Midi, société industrielle extrayant le sel dans les marais depuis le XIXe siècle. L'activité devenant moins rentable, les Salins ont envisagé la liquidation de certains sites dans les années 2000. C'est là qu'intervient une opération foncière, la plus importante jamais conclue par le Conservatoire du littoral : 7 000 hectares rachetés par des fonds publics à l'entreprise en 2008. Le prix fait rêver : 70 millions d'euros environ pour des terres désertes, inondables et gorgées de sel, vendues au prix de champs fertiles.

« La transaction voulait que les Salins réinjectent l'argent dans l'industrie pour préserver l'emploi », explique François Fouchier, du Conservatoire du littoral. Le prix de la terre contre celui des hommes, en somme. *« Depuis, les Salins ont l'impression d'être assis sur un tas d'or, d'autant qu'ils restent un des plus gros propriétaires de Camargue »*, dit un fonctionnaire. Là où l'histoire devient étonnante, c'est avec le mystère des 8 petits hectares qui ont échappé à la transaction, restant la propriété des Salins. Ils sont situés derrière la plage de Piémanson et permettraient de réaliser un aménagement du même type que ceux mis en place sur la plus grande partie de ce littoral depuis les années 1980 : un parking géant, payant, accueillant des baigneurs à la journée, avec des infrastructures minimales – douches, toilettes, électricité.

« Mais les Salins se sont juré de ne pas nous vendre ces 8 hectares », soupire Philippe Martinez, élu sans étiquette. Au premier étage de l'antenne municipale, son bureau est desservi par l'unique ascenseur de Salin-de-Giraud. Les mobiles de ce blocage restent aussi inébranlables qu'obscurs. Certains évoquent une histoire d'hommes, entre la mairie et les Salins, des rapports de force et d'humiliation où plus personne ne

veut reculer. « *La Camargue reste la Camargue, plus puissante que tout.* »

L'autre raison possible paraît plus pragmatique. Les Salins avaient présenté un projet, piloté par le roi de la maison sur pilotis, qui voyait « *une cité lacustre pour millionnaires* », sublime et sophistiquée. Cela nécessitait de faire passer un autre lot de terre du statut d'« agricole » à celui de « constructible », faisant du même coup bondir le prix du mètre carré de 1 à 200 euros. « *On n'a jamais compris si on avait affaire à des génies visionnaires ou à des escrocs complets* », dit Gaël Hémery, du parc naturel régional de Camargue. Le refus de la mairie – la zone est « à risque » – aurait entraîné, ensuite, celui des Salins pour Piémanson.

Depuis, une sorte de torpeur s'est abattue sur les dunes. Beaucoup de ceux qui campent sur le site sont aussi des électeurs, les municipales approchent, tétanisant les décisions. « *C'est à l'État de trancher et d'ordonner la réquisition des 8 hectares pour le parking* », estiment les élus. La situation va être de plus en plus difficile à gérer. « *Piémanson est en train de devenir un lieu légendaire, dernier espace de liberté et de gratuité,* reprend Gaël Hemery. *On ne peut pas parler d'un acquis social, mais presque.* »

Le 18 mai, une vague a submergé la plage, comme celle de 1986. Piémanson a été évacuée. Le lendemain, une jeune fille de 15 ans s'est noyée, en se baignant dans cette mer soudain devenue furieuse. Tout le monde s'attendait à la fermeture des dunes. Et rien. Pendant ce temps, sur la plage, Gérard passe en 4 × 4, appelant pour le concours des Miss.

« Je préfère bosser dans l'industrie »
8 août 2013

Dans la supérette de Salin-de-Giraud, la caissière hausse soudain la voix. *« Vous n'avez pas vu la pancarte ? »* Elle désigne l'écriteau derrière elle : *« Le magasin est interdit aux clients pieds nus. »* Titi roule vers elle des yeux suppliants. Il a un maillot de bain, un tatouage chinois qui lui habille tout le mollet – c'est la mode – et la liste des courses à la main : eau, cigarettes, pain. *« Sortez monsieur ! »* dit la caissière.

La supérette est vide, à part une grande brune au rayon surgelés. Elle regarde Titi s'éloigner, le long des maisons en enfilade, où des femmes en tablier ont sorti des chaises sur le seuil. Titi campe sur la plage de Piémanson. Salin est le village le plus proche, à 12 km. *« Et si tous ces touristes nous faisaient perdre notre âme ? »* lance la grande brune. Elle a pris un ton si tragique qu'on se demande si elle blague. Pas du tout. Son fils a décroché un CDD sur un chantier à Fos-sur-Mer, à quarante minutes de route. *« Je préfère travailler dans l'industrie que dans les vacances »*, il lui a dit. Elle a été soulagée. *« Ici, on est fiers. On ne voudrait pas devenir des porte-valises des touristes. »*

Dans le delta de Camargue, Salin-de-Giraud est l'unique village sur 80 000 hectares, un pays de marais au sol salé, aux puits saumâtres, où personne n'envisageait de vivre avant que deux sociétés ne s'y implantent au XIXe siècle. *« La Camargue a toujours attiré les aventuriers, comme un espace à conquérir »*, explique Estelle Rouquette, du Musée de la Camargue. Régulièrement, des bâtisseurs extravagants viennent s'égarer ici, un peu Far West, un peu concours Lépine. L'un s'est ruiné avec le coton en 1900, un autre avec la canne à sucre en 1970 ou, dix ans plus tard, avec un élevage de truites.

Par extraordinaire, il arrive aussi que ça marche. Par exemple, quand Pechiney (aujourd'hui les Salins du Midi) a décidé d'extraire le sel des marais, puis Solvay, une société belge, a installé ses usines juste à côté pour le transformer en soude. Aux ouvriers, qui débarquent d'Italie, de Grèce ou des Cévennes, les entreprises bâtissent un village : Salin-de-Giraud. Chacune construit son quartier, séparé par le chemin de fer. D'un côté, Solvay reconstitue les corons du Nord, briques rouges et lambrequins de bois au milieu des taureaux, tandis que Pechiney plante en désordre ses maisons ouvrières. L'un et l'autre ont leur école, leur dispensaire ou leur équipe de foot. Jusque tard dans les années 1980, une fille Solvay évitait d'épouser un garçon Pechiney.

Les vies, elles, se ressemblent : travail dans les marais le jour puis, le soir, chacun y retourne, cette fois avec le fusil et les hameçons. *« Les droits de pêche et de chasse étaient dans le contrat de travail, comme des acquis sociaux »*, raconte Annie Maïllis, qui s'apprête à publier un livre sur Salin. Qui ne devine la suite, ici comme partout ou presque ? Qui ne voit venir les plans sociaux, en rafale depuis les années 1990 et les ouvriers passant de 400 à 50 ? La fin de l'insouciance, avec la première génération d'enfants sans avenir dans les marais ? Et les parents qui continuent à dire « on » pour évoquer l'entreprise qui les a virés ? *« On récoltait de nuit, c'était magnifique*, explique un ancien. *Les gens venaient nous voir de partout. C'était dur, on était fiers. »*

Le village dépend toujours de la commune d'Arles, à 40 km au bout des rizières. Là-bas, on y rit de Salin comme une étrange peuplade des marais élevée au paternalisme patronal, qui continue d'appeler la mairie pour changer les ampoules ou organiser les déménagements, comme au temps de Solvay.

Ici, ces histoires d'ampoules arrachent le cœur. Le travail est perdu, mais la chasse et la pêche le seront-elles ? Les Salins du Midi ont commencé à revendre leur terre au Conservatoire du littoral… *« Alors, qui bénéficiera des permis ? Nous ? Des riches sociétés de chasse ? »* Nicolas, un ancien lui aussi, dit que cela lui donne envie de cogner. *« On se sent des sous-citoyens, abandonnés »*, continue Eric Jouveaux, qui a monté une association pour *« l'autonomie »* de Salin, 2 000 habitants, demandant qu'elle soit transformée en commune à part entière. Et la solution du tourisme ? Et les 10 000 campeurs de la plage ? Une fonctionnaire hausse les épaules. Salin compte 25 chambres d'hôtel.

À la boulangerie, Titi embarque des baguettes avant de repartir pour la plage de Piémanson. Il campe ici depuis huit ans sans s'être jamais autorisé une soirée au restaurant à Salin. Tous les étés, il fait le plein à l'hypermarché. Moins cher, il dit. Dans la rue, il croise la caissière. Titi se retourne pour crier : *« Mais vous vous prenez pour qui ici ? Pour Saint-Tropez ? »*

« Merde, la canette a explosé dans le poulet »
9 août 2013

Écarter doucement le rideau de la caravane. Regarder la plage lisse, douce, déserte, comme intouchée et la mer, de ce bleu trouble qui est le sien dans le delta de Camargue. Se sentir vide, tout à fait vide, le corps et la tête remplis seulement de cette image-là. Se lever et compter 17, comme le 17e jour sans avoir à porter de chaussures et se dire que ce calendrier des pieds nus est le seul valable ici. Penser à la chose importante de la journée, le cadeau pour l'anniversaire de Valérie tout à l'heure, une bouteille de pastis serait la meilleure idée. Faire un café, mettons un Nescafé. Albert sort du lit.

Dans le campement à côté, ça discute paisiblement en réparant une batterie solaire. Ce sont deux sœurs, la trentaine, dont l'une reprend le boulot le lendemain. *« La veille de quitter Piémanson, je n'arrive jamais à dormir. Du coup, à 4 heures du matin, j'ai mis la télé pour la première fois des vacances. » « Il y avait quoi ? »* demande l'autre. *« Un porno, comme d'habitude, un truc avec trois femmes. »* Albert leur fait la bise. *« Il vous reste du sucre ? »* Le sable est déjà presque trop chaud sous les pieds.

Chez Valérie, son fils demande : *« Pourquoi tout le monde offre le même cadeau à ma mère : du pastis ? »* Goliath proteste : *« Moi, j'ai pris du whisky. »* Valérie est une belle fille blonde, yeux très bleus, chair pleine et brillante comme sortie de la mer. Des espions la suivent dès qu'elle pose ses cannes, c'est la meilleure pêcheuse de Piémanson. Son père vivait de ses filets, sa mère ramassait les tellines, un coquillage strié, très petit, incapable de vivre ailleurs qu'ici et se poêlant à l'huile et à l'ail. Dans la région, quelques-uns complotent pour lancer la telline en produit de luxe international, « façon caviar ». Ça fait marrer tout le monde.

La famille de Valérie avait un cabanon à Beauduc, une plage sur la même côte. Forcément, le nom surgit dans la conversation. De toute façon, un apéritif se termine rarement sans évoquer Beauduc, la légende du delta, où des pêcheurs, quelques allumés et deux restaurants avaient monté des cahutes sur le sable sans autorisation. Une opération de gendarmerie, sur ordre du préfet, a tout fermé brutalement. *« C'était quand, déjà ? »* demande Albert. Marie : *« L'année où j'avais mon maillot de bain vert. »* Alors toute la tablée s'exclame : *« 2004 ! »*

La famille de Valérie n'avait déjà plus son cabanon. *« Mon père l'a perdu, un soir, au poker »*, elle dit. Plusieurs chanteurs étaient sur le coup pour le racheter, Beauduc était devenu l'endroit le plus couru de Camargue, on y tournait des clips au milieu des cahutes et des hameçons.

C'est à ce moment-là que Nénesse a lancé : *« Et si on y allait demain ? On n'y est jamais retourné. »* Valérie hausse les épaules, on dirait qu'elle va pleurer. Elle vient d'avoir 40 ans.

Les autres se retrouvent vers 9 heures, le lendemain, devant les voitures. On commence par traverser Salin-de-Giraud, puis un labyrinthe de talus couverts d'herbes chevelues, encadrant sur des centaines d'hectares des bassins d'eaux, rouges, verts, bleus.

Ce sont les anciens territoires d'exploitation du sel, abandonnés aujourd'hui. Là, tout se mélange, les vieilles machines chancelantes de rouille et les familles de flamants roses, les ruines d'un petit château et le braconnier en bottes sur les traces d'un sanglier, la déglingue et le paysage à couper le souffle. *« Est-ce que c'est beau ? »* risque un des fils de Nénesse. Nénesse ne répond pas. On est en train de traverser son univers et ce n'est même pas lui qui tient le volant. Nénesse n'a plus de points à son permis.

En arrivant à Beauduc, Goliath murmure : *« Je ne reconnais rien. »* Nénesse décrète que les voitures doivent s'engager sur le sable, jusqu'au ras des vagues, parce que c'est ça qui est bon. « Interdit », signalent des panneaux. Il y a un silence. Puis Albert crie : *« On ne peut plus se mettre où on veut, on est parqués. »* Il décide d'y aller quand même, faisant hurler le moteur, comme une résistance minuscule et désespérée. Goliath soupire que tout a changé, même les gendarmes. *« Avant, on les connaissait. Ils étaient tout le temps avec nous. Ils ne nous disaient pas sans cesse qu'on n'a pas le droit d'être là. »* Et Nénesse : *« Oui, mais c'était avant l'Europe, c'était avant tout. »* Sa femme déballe la glacière. *« Merde, la canette a explosé dans le poulet. »*

Au loin, dans la mer, se déploient les voiles multicolores des kitesurfs, le nouveau sport de glisse, une planche à voile tractée par un cerf-volant. Beauduc est désormais surnommé « le Chamonix du kite », un des spots les plus en vue du monde selon les sites spécialisés. *« On rentre à Piémanson ? »* demande Goliath.

« Et voici Miss Piémanson 2013 »
10 août 2013

Gérard arrive vers 18 heures en maillot de bain, un attaché-case à la main, dignement annoncé par le bruissement des tongs de la petite troupe qui l'accompagne. Ce soir, il organise l'élection de Miss Piémanson 2013, seul événement vraiment collectif sur cette plage.

Gérard a le visage soucieux. *« Ici, c'est le genre d'initiative casse-gueule »*, siffle un campeur. Lui aussi, une année, avait essayé de lancer un spectacle : un 14 Juillet pour tous. Personne n'était venu à la réunion de préparation, même pas lui. Une urgence l'avait retenu, le frigo à gaz d'un voisin soudain tombé en panne. Ici, il n'y a ni eau ni électricité. *« Alors, sans frigo à gaz, on est mort : c'est sacré »*, s'excuse le campeur. Sa femme ne regrette rien. *« Ce n'était pas une bonne idée : s'il s'agit d'obéir à quelqu'un, autant aller dans un camping normal. On est déjà en HLM toute l'année. »*

L'élection de Miss Piémanson se déroule Chez Cathy, vaste hangar de bois avec un comptoir façon western posé sur le sable. Cathy y vend l'indispensable : glaçons, cigarettes, et accepte de recharger les portables, pour un euro ou deux, si le client l'inspire. *« J'ai l'impression qu'il n'y aura personne à cette élection »*, jauge Cathy, sans complaisance. Elle n'écoute déjà plus, un autre sujet la travaille : ses agents secrets dans les dunes, la bande des enfants, l'ont informée qu'un plaisancier vendrait des beignets à l'heure du goûter. Or, Cathy est la seule à bénéficier d'un permis officiel à Piémanson, tous les autres ont été impitoyablement chassés, même Tony, qui – un temps – tenait une guinguette.

Décrire Cathy n'est pas raisonnable : corps et visage robustes, des cheveux blancs, courts, avec quelque chose de Simone Signoret dernière époque, en matrone bourrue au grand cœur. Parfois aussi, Cathy a une manière forte de ramener l'ordre, avec une petite flamme dans le regard qui lui vaut le surnom respectueux de « la tueuse » auprès de certains gamins. L'un panique déjà : *« Vous croyez qu'elle va vraiment assassiner le vendeur de beignets ? »*

Dans la salle, des candidates commencent à arriver, une dizaine, des filles jolies, qui n'ont pas la vingtaine, et une mère de famille de 42 ans. Ça sent le milieu de l'été, le bronzage déjà patiné, les groupes d'amis qui se sont constitués d'apéritifs en feux de camp, avec des solidarités farouches. Quelqu'un demande à Gérard qui était la Miss 2012. *« Ma belle-fille,* dit Gérard.

– *La fille de ta femme ?*

– *Non, celle-là avait gagné l'année d'avant. En 2012, c'était la femme du fils de ma femme. »*

Accuser Gérard de favoriser ses proches dans l'élection fait partie du spectacle. Lui ne peut s'empêcher de protester, envoyant chercher la gagnante de l'été dernier : *« Elle n'est pas moche, objectivement ? »* Derrière lui, ça râle, un concert de vitupérateurs et de grandes gueules, toujours prêts à une chamaillerie, pour peu qu'elle soit éclatante et susceptible d'être racontée l'année suivante, les yeux mouillés, au rang des souvenirs.

« *Espèce de président* », lâche l'un, sur le ton de l'insulte suprême. Gérard dirige l'Association de la plage, 300 membres sur 10 000 campeurs environ. Chacun convient qu'il faudrait la prendre au sérieux pour défendre Piémanson, sans cesse menacé de fermeture. « *Moi, cette plage, c'est ce qui me tient. Je paierais s'il fallait* », dit un mécanicien. Mais il refuse d'adhérer, sur un ton enflammé : « *Je tiens à ma liberté.* »

Dehors, un marchand de melons passe en courant, espérant que Cathy ne le remarque pas. Elle est en train de parler de la gardiane, la spécialité de son mari, une daube de taureau. Pendant des années, il officiait en cuisine à 4 heures du matin, avant de prendre son service de routier. C'est avec le téléphone de l'hôpital qu'il a dicté la recette à Jérémy, leur fils, avant de mourir d'un cancer. « *Vous voulez racheter le fonds ?* » lance Cathy à la cantonade. Tous les ans, elle menace de s'en aller. Un hurlement remplit la salle, les planches tremblent, les verres se renversent. Les Miss viennent de monter sur la scène et chacun crie le numéro de sa favorite. Le 10 finit par sortir : Gina, 17 ans, à Piémanson pour la première fois. Elle vit à Nîmes.

– « *Maman est femme de ménage.*
– *Et ton papa ?*
– *Plus trop de nouvelles.*
– *Et toi, qu'est-ce que tu fais ?*
– *Rien.*
– *Même pas le lycée ?* »

Gina se ravise, soudain étonnée que l'école puisse être considérée comme une occupation : elle prépare le bac hôtesse d'accueil.

Dans la cuisine, Nanoue pose son balai, s'essuie les mains et garde son grand tablier bleu pour monter sur la scène remettre le prix, un paréo et un chèque de 110 euros, pour l'essentiel. Nanoue, une ancienne vacancière, qui a épousé le fils de Cathy. *« Finalement, tout a été parfait, non ? »* triomphe Gérard.

C'est là que quelqu'un a crié dehors : *« Attention, l'eau monte. On va être inondé. »*

« Regarde, une Ferrari qui s'est noyée »
12 août 2013

Serge a de l'eau jusqu'aux genoux et, dans la nuit, sa lampe frontale le rend presque méconnaissable, dessinant des ombres sur son visage, comme un masque de carnaval. La mer est partout autour de lui. Comme parfois, elle a submergé la petite plage, elle est montée dans les campements le long des dunes.

Là-haut, un hélicoptère patrouille et, dans le faisceau de ses projecteurs, apparaissent par éclair les centaines d'habitations sous les eaux, cet enchevêtrement de caravanes, planches, cabanes, toute cette cité troglodyte bâtie sur le sable le temps d'un été, sans électricité, sans eau douce, sans aucune protection.

Serge jubile, royal, avec cette impression que le monde se révèle enfin tel qu'il devrait être : plus vrai, plus plein. Autour, les hommes s'activent en bermuda, torse nu, chacun dans sa catastrophe à soi. Ils font les hommes, ils y prennent du plaisir, ils se demandent s'il faut partir ou rester, regardant chacun ce que font les autres. La cigarette posée au bord d'une lèvre, un voisin crie à la mer : *« Je suis là ! Tu ne me feras pas décamper. Aujourd'hui, c'est entre toi et moi ! »* Il tire une bouffée, lançant à nouveau : *« Et en plus, je n'ai même pas mon portable ! »* Puis plus personne ne parle, il faudrait un mégaphone tellement il y a de bruit.

179

À l'intérieur de sa caravane, Martine est allongée sur son lit, avec son fils et les deux chiens, leurs têtes à tous les quatre posées sur l'unique oreiller à l'effigie du Roi Lion. L'eau clapote au niveau du plancher, l'habitacle tangue, grince, un rafiot frémissant sur la mer. *« Papy va venir nous chercher en voiture »*, annonce Martine. Aucun des trois autres ne daigne se réveiller. En silence, elle ne peut pas s'empêcher de calculer ce qu'elle économisera en rentrant un peu plus tôt : 5 euros sur les 80 prévus pour le mois de vacances.

Quand le jour se lève, beaucoup de campeurs sont partis, en tout cas, ceux qui ont réussi à démarrer avant que le décor tout entier ne se transforme en lac. Un gamin montre une décapotable de sport rouge, encerclée par les eaux : *« Regarde, une Ferrari qui s'est noyée ! »* Il monte une chaleur piquante, où se mêlent le sel et la poussière. Quelques-uns ont essayé de trouver dans la nuit un passage au sec par les dunes. Quand les voitures ont fini par s'ensabler, tout le monde a dormi contre les carrosseries, par petits groupes. *« Je connais un couple très bien qui peut vous tracter pour 40 euros »*, annonce un jeune homme en quad, avec trois bichons frisés trônant sur le guidon. Le couple arrive dans un 4 × 4. Tandis qu'elle sort le câble, son paréo vole autour de son corps, tout à fait nu et bronzé. Et lui : *« On ne prendra que 20 euros, vu les circonstances. »* Tous deux sont fonctionnaires à la retraite.

Dans les campements, l'eau s'est arrêtée, par miracle, au ras des portes. Les voisins passent les uns chez les autres, tous en maillot de bain, les yeux cernés mais excités d'être restés, respirant à fond cet air particulier des grands événements. *« C'est dangereux ? Est-ce que ça va se reproduire ? »* demande Anaïs à son père. Lui

180

veut la calmer. « *Non, pourquoi ?* » « *On s'est régalé* »,
elle dit. « *J'aurais voulu monter dans l'hélicoptère.* »

On se raconte l'histoire de Michel, embusqué dans
son campement pour ne pas être évacué au moment de
la grande vague de mai, où des dizaines de caravanes
sont parties à la mer. Michel avait dû ramper pour que
les sauveteurs ne le repèrent pas quand il était allé se
chercher une bière. « *Une année, on a pris une location
au Grau-du-Roi : c'était pas pareil* », dit Annie. Et son
mari : « *Là-bas, quand tu pisses un coup, quelqu'un
te dénonce.* » On reprend du café. On se regarde sans
rien dire avec le sentiment de faire partie des initiés,
de vivre dans l'exceptionnel à Piémanson, même sans
inondation. « *On devrait faire un tour à la benne,
propose Valérie. Quand les gens se sauvent, ils se
débarrassent de pleins de choses, bonnes à récupérer.* »

Des pompiers arrivent. Les questions fusent. Ça y
est, Piémanson ferme ? Tout le monde s'attend à ce
que l'État finisse par décréter le camping sauvage illégal à Piémanson. Est-ce qu'on pourra revenir l'année
prochaine ?

Même le mois de septembre, Serge n'ose pas y penser. Il y aura les grands feux sur la plage où chacun
brûle les restes de sa cabane d'été, après avoir tout
replié. Il reviendra à l'usine, qui n'est pourtant pas si
mal, huit heures de suite, on s'en va et puis on pense
à autre chose.

Il sait qu'il y aura aussi au fond de lui cette sale petite
dépression, dont il ne faut pas compter se débarrasser
avant janvier. C'est à ce moment-là que le souffle lui
revient. Plus que cinq mois à tenir avant le retour à
Piémanson.

III
Une jeunesse française

Mon père, cet embauché
6 mai 2013

Le rendez-vous est fixé sur le parking d'un fast-food juste à l'entrée de Montbéliard (Doubs), à quelques mètres de la grille de l'usine Peugeot. Une vingtaine de personnes attendent la camionnette qui les conduira jusqu'aux ateliers de la première équipe. Dans le froid du ciel s'étirent des nuages noirs et roses. Il doit être 4 h 30 du matin.

Comme d'habitude, David s'inquiète. *« À tous les coups, la camionnette sera en retard et on dira que c'est nous. »* David est un jeune type avec une licorne tatouée sur le bras, une cannette de Dark Dog dans la main et deux fossettes à chaque joue. Il a déjà bossé dans la restauration, les espaces verts, une usine de contreplaqué, le triage des cerises. Contrats précaires, à chaque fois. Ce coup-ci, il a décroché Peugeot, ou plus exactement une mission de quatre mois en atelier par le biais d'une boîte d'intérim, qui recrute pour un sous-traitant qui travaille pour Peugeot. Peugeot ! Il répète le nom, soufflé lui-même par sa chance. Le père de David bosse là depuis toujours. Lui se retrouve dans le même atelier, père et fils côte à côte, mais séparés par un gouffre : le contrat de travail. *« Mon père, c'est un embauché »*, résume David. *« Tous nos vieux sont des embauchés »*, tranche un blond d'une

185

voix assez forte pour couvrir la musique qui sort de son portable. Il s'étonne qu'on ne connaisse pas le mot : *« Ça veut dire qu'ils ont un contrat de travail à durée indéterminée. »*

Eux sont intérimaires, tous. Eux sont jeunes, tous sauf un grand maigre qui doit avoir la cinquantaine. Dans le groupe, ils se mettent à sourire, pas revanchards pour un sou, attendris au contraire par ces pères dont ils parlent comme si c'étaient eux les enfants, des créatures innocentes à protéger d'un monde mutant. Quelqu'un lance : *« Vous imaginez nos vieux à la case chômage, comme nous ? »* Rires. Et le blond, à nouveau, un peu bravache : *« Ils n'y arriveraient pas. »*

Le contrat est devenu l'unité de valeur, et le CDI, la valeur suprême. Les deux tiers des salariés qui entrent à Pôle emploi ne demandent plus un métier mais *« un CDI »*. Pour les employeurs, c'est l'inverse : 49 % des offres proposent de l'intérim, 30 % des CDD. L'explosion date du début des années 2000, où les entreprises ont commencé à gérer les variations de production avec un « matelas d'intérim » – le terme est officiel. Chez Peugeot, à Montbéliard, un employé sur trois a un statut précaire. C'est partout pareil, souvent pire. *« Évidemment, je ne peux pas bien le vivre*, dit Marine, qui dirige le personnel dans l'un des ateliers. *Mais on ne se bat plus sur le fait de le faire ou pas. On essaie de le faire correctement, voilà. »*

Sur le parking du fast-food, David prend une lampée de Dark Dog. *« L'usine, je ne croyais pas que ça me plairait autant. »* Les fossettes se creusent d'un coup. *« Le paradis. »* L'écran des portables affiche 4 h 45. Le blond se passe du gel dans les cheveux. *« Tu crois qu'ils vont nous garder, chez Peugeot ? »* À leur arrivée, un chef leur a annoncé que leur temps serait limité, forcément. Eux pensent que non. La rumeur circule qu'une petite poignée d'intérimaires sont devenus des embauchés l'an dernier. Ils y croient. *« C'est con comme le Loto, mais on se dit : "Pourquoi pas moi ?" »* lance un petit avec un blouson James Bond. Il énumère ses chances : *« J'ai un bon présentéisme, je suis bien vu des chefs. Il faut être bien vu quand on a de l'ambition. »*

Dans sa famille tout le monde est intérimaire sauf le père, ça va de soi. L'autre jour, ils en ont parlé à table. Le père a dit : *« Il faut aborder ouvertement ce qui se passe : quelle boîte peut dire où en sera le carnet de commandes dans six mois ? C'est malheureux, mais s'il faut en passer par là pour sauver le reste... »* Tout le monde a rigolé. *« Qu'est-ce qui t'arrive, papa ? Tu parles comme à la télé. »* Puis la mère : *« Ce n'est pas une honte. Plein de gens ont leurs gosses en intérim ou au chômage, même chez les ingénieurs. »*

En général, on apprend le vendredi pour le lundi que le contrat ne sera pas renouvelé, et on attend la dernière heure pour délivrer un certificat de bons services nécessaire pour un nouvel intérim, afin de maintenir la motivation jusqu'au bout. C'est, en tout cas, ce qui est arrivé au frère de David. Tout à la fin, le chef lui a précisé : *« Attention, t'es pas viré. Virer un intérimaire, ça ne s'appelle pas virer. »* Le frère est sorti, il a traversé l'atelier, espérant ne croiser personne qu'il connaissait. Il n'aurait pas osé dire au revoir. Il avait l'impression d'être là depuis des années. En franchissant la porte, il a été surpris de se découvrir une envie de pleurer.

Le blond coupe qu'il ne faut pas se plaindre. Des gars de la CGT sont venus lui parler de ses droits. Sympa, il a trouvé. Lui ne croit qu'en une chose, l'argent. Avec ses trois premières paies, il prendra un scooter,

« *parce que plus gros, c'est difficile à acheter* ». Un soleil pâle sort lentement par-dessus le fast-food, et le vent fait voler des frites abandonnées sur le parking par des dîneurs.

À la grille de l'usine, le bus des « embauchés » est déjà là. Un type à l'avant est en train de caler sa gamelle dans son sac. En 1975, quand il a été recruté, « *le terme ouvrier à la chaîne était synonyme d'"esclave moderne". Aujourd'hui, on nous appelle "privilégiés"* ». Il a fini par y croire. « *Ce qui était une fatalité pour nous est devenu le rêve de nos enfants.* » Son fils est juste derrière, sur le parking du fast-food. Il monte dans la camionnette des intérimaires en faisant le V de la victoire, suivi des autres qui font pareil, pendant que le blond filme la scène sur son portable. Il est 4 h 58 quand le véhicule démarre, soulevant en gerbes éclatantes les flaques laissées par l'orage.

Scripts sur canapé
15 mai 2013

Ils iront au Festival de Cannes. C'est sûr. Peut-être pas cette année, mais la prochaine. Ce soir, ils sont installés dans le canapé de Mourad, six garçons et un paquet de chips, décidés à écrire le scénario pour le tapis rouge.

Pas un mot n'a été échangé sur le décor ou les héros. À quoi bon ? Tous savent que ça ne peut se passer qu'ici, cité des Pâquerettes, à Nanterre, les aventures d'une bande d'amis.

Nassim se risque : *« Et si on ajoutait une fille avec nous ? »* Les autres le dévisagent, sidérés. *« Mais il n'y a jamais de fille avec nous. »* Mourad tranche. *« On va être embêtés après. Qu'est-ce qu'on va en faire de la fille ? »* Quand Mamadou propose que les héros fassent un braquage, une tempête secoue le canapé.

« Tu racontes n'importe quoi. Pour un braquage, il faut des raisons valables.

— Ce serait une mère qui n'arrive pas à payer le loyer. Tout le monde y croira, ça arrive tout le temps.

— Ça ne suffit pas.

— Un jeune meurt au bled, il faut de l'argent pour l'enterrement. »

Mourad boude. *« Pas de mort, ça casse les pieds ! »*

« On n'arrivera à rien si tu ne veux jamais être

189

triste. La mort et la famille, ça fait les meilleurs films, la raison suprême. »

Mourad sort acheter du Coca au centre commercial. Devant le tabac, des gamins font la queue pour jouer 10 euros au Carré Foot. *« Le jour où un petit va gagner un million, il y aura un problème »*, proteste une mère de famille.

« Quel problème ? rigole le vendeur. *On aura TF1 dans le quartier et voilà. »* Un gamin hausse les épaules. *« Si je gagne un million seulement, je flambe. Un million, ce n'est pas assez : une voiture, des vacances, quelques sorties et c'est fini. »* Ils passent devant Mourad, petite troupe goguenarde. *« Tu ne vas pas au festival de Cannes ? Ta cote baisse. J'efface ton numéro de portable. »*

À l'école déjà, Mourad voyait deux options possibles : le SMIC ou les millions, rien d'autre, rien d'imaginable en tout cas. Pendant sa formation de pâtissier, il a croisé des gens qui passent une vie à 2 500 euros par mois, voire 4 000. Ça s'appelle la classe moyenne, lui a expliqué le patron. Mourad est resté perplexe.

Sur le canapé, ils ne sont plus que cinq, Yacine est parti livrer des pizzas, 5 euros de l'heure. On le blague, même Nassim qui débarrasse les encombrants. Bientôt, ils seront riches. Ils brilleront. Ils quitteront les profondeurs de la cité, la mère de toute chose, mais grouillante et obscure sous ce ciel toujours bouché. Ils ne renieront jamais leurs racines, au contraire. Ils reviendront parfois au pied des immeubles, couverts d'or et de cadeaux, vérifier dans les yeux des petits qu'ils sont en train d'écrire la légende des quartiers, ceux qui ont réussi sans trahir.

Nassim se lève d'un coup. « *J'ai une idée : ils pourraient dépouiller un riche.*

— *Comment un mec de cité peut approcher des riches ?*

— *Il fait la sortie de Sciences Po.*

— *Ou gigolo.* »

Dehors, la voisine se hâte pour conduire son fils au football. Elle trouve que l'entraîneur le tient bien serré, pas comme les profs. Et aujourd'hui, les débouchés sont meilleurs dans le sport qu'à l'école : on n'a plus rien avec un diplôme, pas vrai ? Ensuite, elle récupérera sa fille qui fait de la natation, comme Laure Manaudou.

Chez Mourad, le canapé s'est figé dans le silence. Un épisode de *La Petite Maison dans la prairie* vient de commencer. Tout petit, Mourad courait pour ne pas rater le feuilleton, ces fermiers américains en bretelles qui circulent dans des chariots, écoutent le pasteur, parlent avec leurs enfants mais sans jamais les frapper et se couchent le soir, en ne pensant à rien. Il a déjà pleuré, tout seul, devant l'écran. Pour lui, c'était la famille idéale. Il le pense toujours. Ne le dira jamais. Nasser a déjà zappé sur BFM, « *au cas où il y aurait un truc sur les flics* ».

« *Faisons simple*, dit Mamadou. *Quelqu'un part en vacances au Mexique. Il lui arrive une galère, ses copains doivent trouver de quoi le ramener.* »

Cette fois, le canapé éclate en cris de joie :

« *Génial, on ira tourner au Mexique.*

— *Son père pourrait être une légende, un ancien de la guerre d'Algérie.* »

Sélim se met à rire. « *Un révolutionnaire ? Mais les jeunes n'en ont rien à faire ! Les gens qui défendent leur pays ne font que leur travail. Il vaut mieux un gangster, quelqu'un avec un vrai CV, dont toute la cité parle.*

— Non, dans notre film, ce sera un papa tout simple qui s'est déchiré chez Renault. Il ne dit pas grand-chose, il se cache dans les toilettes quand ça ne va pas. M. Tout-le-Monde, quoi.

— Celui qui part au Mexique voudrait être acteur. Dans la cité, il est populaire, une image de bientôt star.

— Le père refuse d'avoir un fils comédien. Il lui dit : "Tu peux faire ça, mais le soir, après le boulot."

— Le fils répond : "Tu me casses les couilles !" »

Mourad coupe court. « *Vous êtes fou ! Qui dit ça à son père ? Si le fils claque la porte, c'est déjà un gros conflit.* »

Sélim, qui est en « *bac pro alarme-incendie* », rentre chez lui. « *On n'y arrivera pas. La dernière fois qu'on voulait faire un film, le mec est venu avec sa caméra, personne n'était à l'heure. C'est vrai ou pas ? Puis Mourad s'est barré parce qu'il n'avait plus de batterie à son portable.* »

Son téléphone sonne, justement. Mourad décroche et le canapé le voit se décomposer lentement. C'est son cousin. Il avait annoncé partir à Cannes. En fait, il a été arrêté au Brésil avec 800 grammes de coke dans les semelles.

« *Où on va trouver l'argent ?* » demande Sélim.

Inès et les filles du pavillon
17 juin 2013

Il est midi. Inès est chez elle. Inès est toujours chez elle à midi. Elle s'est réveillée en même temps que les jumeaux. Eux sont partis au collège. Inès non.

Depuis janvier, elle a pris l'habitude d'aller de moins en moins en cours, puis plus du tout. Elle est allongée sur le canapé, jogging blanc à liseré doré, cheveux lissés et coiffés, la télé à fond sur NRJ 12.

Dommage qu'il n'y ait plus de capsules de café. La plupart des filles qui sèchent restent traîner dans le quartier. Inès non. Elle trouve que ça fait « cas social ». Inès ne fait rien jusqu'à l'heure où ferment les collèges. Elle ne sort qu'à ce moment-là pour faire croire qu'elle y va encore. C'est plus classe, comme image.

Midi et 4 minutes, dit l'horloge du micro-ondes. Le temps ne veut pas passer, on dirait. Inès se dit qu'elle a 17 ans et qu'elle est déjà stressée comme sa mère. *« Stress number one : trouver du cash. J'ai besoin de me faire épiler. Je dois faire un brushing. J'ai pas fait d'UV depuis des mois. »*

Par la fenêtre, on voit le jardin devant le pavillon, au milieu d'une rue calme de la grande banlieue de Lyon. Inès pense que sa mère a au moins réussi ça : elle ne vit pas dans une des tours HLM, juste derrière.

On sonne. Ce sont les meilleures copines d'Inès, elles

sont quatre, des filles des pavillons, elles aussi. Inès s'étonne : « *Vous n'êtes pas en cours ?* » Les autres rigolent. Ça fait quelques jours déjà que l'école est finie.

Inès s'en fout. L'année dernière, elle espérait passer au lycée, section générale. Elle avait raté le brevet et préféré redoubler plutôt que d'être orientée en section pro. Son père lui avait promis d'aller casser la gueule aux profs. Ça lui avait remonté le moral, même si, finalement, il n'avait pas bougé. Depuis le divorce, il est serveur à Cannes. En tout cas, Inès s'est retrouvée inscrite dans l'établissement le plus coté du centre-ville. Pur hasard.

« *Ma mère aurait donné un rein pour que je sois acceptée là-bas* », annonce gravement Yasmine. Elle aussi, à vrai dire. Inès lève les yeux au ciel. « *Arrête : on se croirait dans le privé. Les filles n'ont pas droit au sac à main. Ils vivent dans un autre monde, ils se laissent gronder par les profs.* » Les copines rigolent, surtout Sabrina : « *Ce n'est pas à nous que les profs oseraient mal parler !* »

Dans le collège du quartier, Inès avait la moyenne, des 11 et des 12 parfois. « *Bonne élève, quoi.* » Dans l'établissement du centre-ville, ses notes ont dégringolé de 5 points. « *Je n'arrivais pas à suivre, on aurait dit une langue étrangère.* » Elle a décroché.

Océane se fâche. « *On ne va pas parler d'école ! Mes grands-parents se sont sacrifiés pour que ma mère pousse ses études. À l'époque, les garçons cherchaient des filles avec des diplômes, c'était bien vu. Et qu'est-ce qu'elle a eu, ma mère ? Rien.* »

Inès ouvre le frigo. Sa mère à elle se lève à 4 h 30 du matin, elle travaille toute la journée dans une société de transport. Inès trouve qu'elle ne gagne même pas de quoi lui payer des trucs dont elle aurait vraiment besoin, des baskets ou des boissons de marque. Rien qu'à y penser, elle se fâche : « *Je lui ai dit : "Mais qu'est-ce que tu en fais, de tes sous ? On dirait que tu aimes ça, travailler."* » Quand sa mère a répondu : « Oui », Inès a eu l'impression de devenir dingue.

Les filles sont couchées sur le canapé, sauf Sabrina, qui essaie les shorts d'Inès, comme pour un défilé de mode. Cinthia envoie un SMS à un voisin : « *Je veux que tu t'allonges sur moi et sentir ton pénis.* » Elle a lu la phrase sur un site de rencontre. Génial, non ? « *Si tu fréquentes quelqu'un, il a intérêt à te parler mariage direct. Sinon, c'est grillé.* » Entre elles, elles se sont juré qu'elles ne planteraient pas leur mariage, comme leur mère. « *Nous, on a de l'ambition, on veut réussir notre vie de couple* », dit Océane.

On s'arrête de parler pour regarder une Smart qui remonte la rue. Chacune essaie de deviner qui a pu s'acheter ça dans le quartier.

« *Vous croyez que si on n'est plus vierge, quelqu'un peut encore coucher avec nous par amour ?* » demande Cinthia. Elle veut devenir policière.

Les jumeaux viennent de rentrer. Ils étaient à l'atelier d'orientation. Un des deux voudrait faire « plomberie », mais toutes les places sont prises, paraît-il. C'est encore pire pour « cuisine », l'option fashion depuis *Master chef* à la télé. La conseillère lui a proposé « peinture ». Le jumeau hausse les épaules. « *Peinture, c'est un truc pour les clandestins, pas un métier.* » Son frère voudrait ouvrir un bar à sushis à Marrakech.

Tout à coup, Inès s'inquiète. « *Au fait, quand est-ce que les vacances commencent ?* » C'est important de viser de belles vacances, style Mexique ou Espagne. De ce côté-là, Inès n'a pas à se plaindre, depuis que son père vit à Cannes. L'été dernier, elle y est allée avec Sabrina. Des types, de 25 ans au moins, les ont invitées dans un restaurant indien, puis au casino.

L'un d'eux a demandé à Sabrina où elle habitait. Du tac au tac, elle l'a bien bluffé : « *Paris. Tu vois le magasin Cartier ? Tu vois le magasin Montblanc ? Entre les deux, il y a mon immeuble.* » Sabrina sait se tenir quand elle sort, Inès s'entend bien avec elle pour ça.

La Smart repasse dans la rue, puis s'arrête devant le pavillon. Les filles courent dehors et se retrouvent en face d'une jolie blonde qui embrasse le conducteur, puis descend. Inès dit : « *J'y crois pas, c'est ma mère.* »

La maman-parfaite-mais-surbookée
8 juillet 2013

Le texte de l'annonce disait : « *Urgent : maman parfaite mais surbookée cherche garde pour ses deux p'tits loups pendant l'été. Prolongation possible si atomes crochus.* » L'adresse est à Chatou et, avant même d'être arrivée, Rim a averti les deux copines qui l'accompagnent : « *C'est un coin perdu avec que des Français.* » Dans le RER, on devise paisiblement des nouveaux parfums de glace chez Häagen-Dazs et d'un DVD de Gad Elmaleh.

Il est convenu que les copines attendent devant la résidence, pendant que Rim se présente au rendez-vous. Quand elle ouvre, la « *maman-parfaite-mais-surbookée* » pousse un cri : « *Mon Dieu !* » Elle recule de deux pas.

« *Je vous avais prévenue au téléphone que je portais le foulard*, soupire Rim.

– *Je n'avais pas réalisé. Je croyais que c'était juste un petit bandana.* »

Rim est vêtue d'un jilbeb, robe noire tout en drapé tombant jusqu'au sol, manches longues et voile marron qui ne laisse voir que l'ovale du visage. Elle l'a acheté 37 euros dans son magasin préféré au métro Couronnes. « *Je suis opé tout de suite* », poursuit Rim, comme si de rien n'était. La maman parfaite tente de reprendre ses esprits : « *C'est-à-dire ?* »

« *Opérationnelle. Je ne fume pas, je ne bois pas, je travaille pendant les congés des Français, Noël, le 14 Juillet, et même le dimanche si vous voulez.* »

La maman surbookée est déjà en train de rabattre la porte : « *Je suis confuse, mais je n'assume pas par rapport aux voisines.* »

En bas, les trois copines n'ont pas l'air surpris. Elles sont en jilbeb, elles aussi. Rim a été la première à le porter, il y a quatre ans. « *Pas de ça à la maison !* », s'est fâché son père. Il l'a prévenue qu'il ne sortirait plus avec elle dans la rue. « *On va croire que c'est moi qui t'oblige. D'ailleurs, ils le disent à la télé, c'est contre la liberté de la femme. Pourquoi il a fallu que ça m'arrive à moi ?* »

Sur le trajet du retour, les copines s'arrêtent dans un magasin de sport vers les Champs-Élysées, où l'une, Fatoumata, veut essayer un nouveau modèle de baskets. Le vendeur, un Asiatique mignon, glisse à son oreille, invisible sous le voile : « *C'est pour faire chier les Français ? Dis-moi si c'est ça.* » Fatoumata a un petit rire de gorge, comme si on la draguait, et elle demande une pointure au-dessus pour les baskets.

Elle était encore en terminale à l'époque où elle l'a mis, le genre bonne élève qui en veut. Le proviseur l'avait d'abord exclue, puis convoquée pour un compromis : les robes longues, d'accord, mais achetées dans les magasins style H & M. Et pas de foulard. Sa mère pleurait à côté d'elle à l'entretien. « *On a voulu lui donner toutes les chances, celles qu'on n'a pas eues nous-mêmes. Et voilà, elle se bloque toute seule.* »

À la caisse, pour payer les baskets, une vendeuse veut aider Fatoumata à insérer sa carte bancaire. « *Attention, vous allez y arriver ?* » dit-elle d'une voix forte et attendrie, comme s'adressant à une étrangère ou à un enfant. Puis elle s'émerveille : « *C'est formidable, vous vous exprimez sans accent.* »

Les copines remontent jusqu'aux Champs-Élysées, temps gris et déprimant. « *Il était bien payé, en plus, ce boulot à Chatou* », râle Sabrina. Fatoumata voudrait rentrer dans le quartier, vers La Courneuve. « *Là-bas, on est tranquilles, on n'est pas obligées de se promener à trois pour se donner du courage.* »

Le portable de Rim sonne. Dans l'appareil, une voix dit : « *Vous ne pouvez pas l'enlever, rien que pour l'été ?* » C'est la « *maman-parfaite-mais-surbookée* ».

« *Imaginez que je le retire...* lance Rim, en raccrochant.

– *Je te tue* », rigole Fatoumata.

Du bout de la langue, Sabrina joue avec un petit piercing posé au bord de sa lèvre. C'est la troisième de la bande, la plus âgée, la trentaine. « *Et si on faisait une folie ?* » elle dit. « *Et si on allait prendre un Coca light au Fouquet's ?* » Sabrina devient nostalgique. Elle y buvait des coups quand elle travaillait dans le quartier, assistante de direction.

Aujourd'hui, elle rêve encore de ce boulot, de la vie qu'elle s'était créée, aller à droite à gauche, faire les magasins, rigoler. À la fois, elle avait toujours cette impression de devoir jouer un rôle. La religion avait commencé à la travailler, mettre le foulard aussi.

Elle s'était lancée, c'était un lundi matin, elle s'en souvient. À l'entrée de la boîte, on ne voulait pas lui ouvrir. Elle répétait dans l'Interphone : « *Je suis salariée.* » Elle entendait répondre la standardiste, avec qui elle déjeunait tous les jours : « *Madame, il n'y a personne comme vous ici.* » Elle donnait les numéros de poste de sa hiérarchie, arrivait à l'accueil, où elle était à nouveau bloquée.

« *Je ne peux pas prendre seule la responsabilité de vous laisser entrer. Il faut qu'un chef vienne voir.* » La directrice du personnel est arrivée, Sabrina a remonté avec elle le long couloir vitré.

Dans les bureaux, les gens s'arrêtaient de travailler pour la regarder passer, bouche bée. Elle voulait hurler : « *C'est moi Sabrina. J'ai mis un voile, mais je suis toujours la même !* » Pas un son ne sortait et, en même temps, elle sentait monter en elle une sensation intense et inconnue, celle d'être devenue extralucide et de voir pour la première fois les gens « en vrai », avec tout ce qu'ils pensaient d'elle sans oser le lui dire.

Elle a aperçu Georges, son boss au bout du couloir. S'est crue sauvée : elle avait toujours été sa chouchou. Il a dit : « *Je ne te voyais pas comme ça.* » Elle le décevait, elle le sentait, et c'était ce qui lui a fait le plus mal. Le lendemain, elle a envoyé sa démission. Fatoumata commande un deuxième Coca light. « *Pour nous, il n'y a que des boulots de garde d'enfants.* »

Sabrina est partie se remaquiller. Le téléphone de Rim sonne à nouveau. « *Écoutez, je vais vous prendre. Depuis ce matin, je n'ai vu défiler que des "voilées". Finalement, vous êtes la moins pire !* »

La vie des « autres » à « France Po »
30 septembre 2013

Inès demande : *« Vous vous souvenez de l'année dernière ? »* Elle ne connaissait pas encore Yasmina et Sara. Elle ne connaissait d'ailleurs personne à Paris. Yasmina et Sara non plus. À vrai dire, aucune des trois n'avait entendu parler de Sciences Po, si ce n'est quelques mois avant d'y postuler elles-mêmes.

Le jour de la rentrée, Inès n'avait pas voulu descendre de la voiture, quand son père s'était arrêté devant l'école, rue Saint-Guillaume. Ils étaient arrivés de Metz le matin, elle répétait : *« Je mettrai le mail de mon admission dans mon CV, ça suffira. Je suis trop forte pour eux de toute façon. »* Sa mère avait fini par se fâcher. *« Tu nous as saoulés avec ça, alors maintenant, tu y vas à France Po. »* Sa mère n'a jamais réussi à appeler l'école autrement.

Elles sont trois lycéennes, venue de Metz, de Bondy (Seine-Saint-Denis) et de Lille, entrées rue Saint-Guillaume par la filière ZEP. *« Pas par le concours normal »*, insiste toujours Yasmina et, à chaque fois, Inès la coupe : *« Il ne faut pas dire le concours normal, il faut dire "classique". Nous aussi, on est normales. »* Inès adopte volontiers un ton un peu bas-bleu, qui tranche avec son rouge à lèvres vif et sa jupe à mi-cuisse. À la Cité universitaire, leurs chambres sont dans le même bâtiment. Inès envoie un texto aux deux autres : *« Vous mangez quelque chose pour le dîner ? »* La réponse arrive tout de suite. *« Du pain et du Nutella. »* C'est Yasmina. Elle se sent coupable dès qu'elle arrête de réviser. Sara et Inès aussi. Sara ne dit jamais *« Je vais me coucher »*, mais *« Je vais faire une sieste »*. Ça lui paraît plus acceptable. L'an dernier, la première note d'Inès a été un 10. Elle l'a reçue comme une claque, suivie, presque aussitôt, d'une violente envie de pleurer. Elle s'est dit : *« Non, j'ai pas le temps. »* Elle voulait dire : *« Pas matériellement le temps. »*

Dans l'amphi, Yasmina scrute les visages des « autres ». Marcher dans le hall avec eux ressemble déjà à un apprentissage, pour arriver à se mettre dans le même mouvement. Ils viennent des meilleurs lycées. Ils ont *« les bons mots »*. Ils n'ont pas de télé, ou alors toute petite, cachée dans une armoire. Ils pensent qu'il suffit de travailler pour y arriver. *« Attention : on ne peut pas le leur reprocher. On ferait pareil à leur place »*, tranche Inès.

Sara : *« Pourquoi ils ne comprennent pas qu'on n'est pas tous sur le même pied ? »* Yasmina explique avoir étudié *« la reproduction des élites »* et *« l'iné-galité scolaire »* en économie. *« Et malgré ça, avant d'arriver ici, moi aussi je disais : l'École de France est la même pour tous. »*

Elles se souviennent de leur lycée, chacune dans sa ville, avec la même nostalgie consternée, les pro-grammes jamais terminés, aucune obligation et le sen-timent qu'elles auraient toujours *« quelque chose à rattraper »*. Inès s'anime : *« Une prof me disait : "Toi tu t'en sors parce que tu es dans une mauvaise classe. Ailleurs, tu vas couler". »* Alors, les autres rient : *« Moi aussi, moi aussi. »* Elles ne disent presque jamais « je », toujours « on », tant elles se sentent fusionnelles, dans leur vie et leurs sentiments.

À Sara, sa mère répétait : « *Lis, c'est mieux.*

– *Mais quoi, maman ? Je dois lire quoi ?* »

C'est ça qu'elles aimeraient leur demander, aux « autres » : Quand est-ce que vous avez commencé à lire ? Comment vous a-t-on appris à entrer dans les musées ou à l'Opéra ? Et à table, vous parlez de politique ? Vous ne répétez sûrement pas, comme chez nous : « Tous pourris. » Mais qu'est-ce que vous dites ?

Des fêtes sont organisées entre élèves. Elles n'y vont pas, « *il faudrait se contrôler, ce serait encore du travail* », dit Inès, qui a remis du rouge à lèvres. « *Ça vient de nous, tu sais* », dit Yasmina, qui tire sur sa jupe. Sara : « *On a une carapace, on ne veut pas la casser pour ne pas perdre la face.* » « *On reste entre nous, bien sûr.* »

Alors elles regardent les « autres » sur Facebook, rassurées d'avoir ça en commun, et écumant une à une leurs photos de vacances. Un soir du second trimestre, l'an dernier, elles sortaient de la bibliothèque, toutes les trois isolées dans ce brouillard fait de peur et de travail qui avait fini par tout recouvrir. L'une a posé la question fatale, ressassée chaque jour : « *Vous croyez qu'on va y arriver ?* » Qu'est-ce qui leur a pris alors ? Elles ne sont pas rentrées à la Cité U. Elles ont marché dans les rues, s'abandonnant à la ville pour la première fois, le Louvre, les Champs-Élysées, une glace chez Häagen-Dazs, un taxi pour rentrer « *comme des VIP* ». Elles en parlent souvent, le seul moment où elles se sont enfin « senties » à Paris.

Au début, quand Yasmina revenait à la maison, elle risquait : « *J'ai du mal.* » Ses parents l'ont regardée, elle a vu dans leurs yeux : « Tu es notre petit génie, capable de déverrouiller toutes les portes. Comment pourrais-tu être en difficulté ? » Alors, elle s'est tue. *« Moi, quand je repasse au lycée, c'est tapis rouge »*, dit Sara. Les élèves l'arrêtent : *« Tu veux être président de la République, c'est ça ? »* Chacune a toujours été celle qui écoutait en classe, parfois la seule. À Sciences Po, elles sont toutes trois passées en deuxième année en réussissant parfois mieux que certains « autres ». *« On a même eu des 17, des vrais 17 de Sciences Po. »*

C'est la rentrée, à nouveau, et les revoilà à la Cité U, dans la chambre de Yasmina, la chambre la plus douillette. Sara annonce qu'elle a mis de la musique classique sur son iPhone. *« Plus on avance, plus on veut faire de grandes choses. »* L'année prochaine, elles voudraient des stages dans des pays anglo-saxons. *« Tu te souviens, ta question à l'oral d'entrée ? »* demande Sara. Inès : *« Moi c'était : "Est-ce que vous ne pensez pas que Marine Le Pen a des idées qui valent la peine ?" »*

Premiers jours de trafic
14 octobre 2013

Deux jeunes gens sont accoudés à la passerelle qui mène de l'université de Nanterre à la gare RER. Ils sont habillés de manière si semblable qu'on croirait un uniforme, une doudoune noire sans manches, un jean large porté très bas, des baskets fluo. Il est 10 h 30, la vente de shit commence tôt dans le quartier, calée sur les horaires des étudiants.

Les deux garçons téléphonent, ou plutôt ils comparent leurs modèles de téléphones. Le plus jeune n'a pas 15 ans, tout rose et roux. C'est sa première semaine de travail dans le trafic. Il est guetteur, le lot des débutants. Il dit à l'autre : « *Je suis passé au collège ce matin.* »

Celui-là, qui a une jolie fossette au menton, le regarde, surpris. « *Tu retournes en cours ?*

– *Non, je voulais des nouvelles d'un pote.* »

« Tout-Roux » a décroché sa place de guetteur au moment même de l'arrestation de son prédécesseur sur la passerelle. « *Rien ne doit arrêter le business : si un point de vente reste sans personne, d'autres s'en emparent aussitôt* », dit « Fossette », mine grave de vétéran. Il a 16 ans.

Tout-Roux crache par terre.

« *Fais pas ça, les étudiants n'aiment pas. Ici, le client est roi,* continue Fossette, toujours du même ton assuré.

– *Je connais le marché, t'inquiète pas* », se rengorge Tout-Roux. Jusque-là, il vendait parfois des canettes et des friandises sur le campus. L'entrée dans le trafic l'a ébloui comme une promotion, il a dit à tout le monde qu'il se sentait « *embauché dans une grande boîte* », tarif fixe, 30 euros par jour.

Dans le flot des passagers sur la passerelle, deux filles se sont plantées devant les deux garçons, riant fort, pour se faire remarquer. L'une se recoiffe à larges coups de brosse, faisant voler ses cheveux. L'autre porte un short par-dessus des collants rouges et boit bruyamment à la paille dans un gobelet.

« *Des clientes habituelles ?* » demande Tout-Roux, et Fossette fait « non » de la tête.

Un troisième jeune homme arrive, la trentaine cette fois. Sa doudoune à lui est bleue, pas noire, c'est la seule différence.

« *Ça va, boss ?*

– *Zen, zen, zen* », répond le grand. Les petits désignent les filles, inquiets. Le grand plaisante. « *Réfléchissez un peu, les frères, jamais une fille des quartiers ne se tiendrait de cette façon en public. Elles sont étudiantes, proposez-leur la promo du jour, une barrette gratuite pour dix achetées.* »

Le grand regarde les deux petits, il les a vus grandir aux « Provinces-Françaises », son quartier HLM juste derrière, plutôt tranquille. « *Ils ne sont pas très malins dans cette cité, les mêmes personnes se posent tous les jours aux mêmes heures, au même endroit, presque au centimètre près* », racontait l'autre jour un policier, à une audience au tribunal de Nanterre.

Le grand jette un coup d'œil circulaire. Tout est calme. Le grand trouve que les gens devraient les remercier de si bien tenir leur territoire : sans eux, ce serait pire, sûr, d'autres viendraient de l'extérieur, des inconnus, bien plus dangereux, il y aurait de l'héroïne et du crack, sûr.

C'est le grand qui a insisté pour que Tout-Roux soit choisi comme guetteur : il vit seul avec sa mère, peu de moyens, aucune famille autour. Il ne va pas balancer, pas se rebeller, pas voler. Il est trop faible. Le grand lui donne une claque dans le dos avant de partir et Tout-Roux espère que ce signe de piston n'aura pas échappé à Fossette.

Fossette, lui, est déjà ailleurs, gesticulant devant les filles pour savoir si elles veulent acheter. Elles continuent de rire, restant là, à faire claquer du chewing-gum entre leurs lèvres. Il y a une odeur de fruits trop mûrs, ceux qu'un Pakistanais déballe de leurs cartons pour les vendre.

Tout-Roux et Fossette finissent par s'accouder à la rambarde, les yeux sur les trains qui filent vers Paris sous un petit soleil.

Tout-Roux, de nouveau : « *Il paraît qu'à la cité des Canibouts, les guetteurs ont droit à un sandwich grec en plus de la paie.*

– Oui, mais les horaires sont plus cool ici, on s'arrête à 21 heures. »

D'un coup, Fossette est devenu pâle. Il murmure : « *Et si ces filles étaient des flics, chargés de nous piéger ?* » Les deux garçons dévalent la passerelle, sautant par-dessus le type allongé sur une serviette éponge au milieu de DVD pirates à 2 euros. Ils se ruent dans la boulangerie pour se fondre, mine de rien, dans la file d'attente.

Quelques minutes plus tard, les filles arrivent, tranquilles. Elles collent leurs visages à la vitrine. Les deux petits sentent leurs jambes se dérober. Une hypothèse, bien pire que celle de flics déguisés, leur vient à l'esprit. Les filles doivent être des émissaires de Cafard et Zedka, deux autres boss de la cité avec lesquels Fossette couve une embrouille : les grands l'ont laissé conduire une Ferrari louée, un phare a été cassé, Fossette nie que ce soit lui et, de toute façon, n'a pas un sou pour rembourser.

Mais c'est une affaire d'argent, donc grave. Les grands peuvent tuer pour l'argent. Les petits peuvent tuer pour n'importe quoi, mais ce n'est pas le débat pour le moment.

Quand les deux filles entrent dans la boulangerie, Fossette détale, mais Tout-Roux reste cloué sur place, avec le cœur qui éclate dans la poitrine. La fille aux collants rouges s'approche de lui. Elle a toujours son gobelet et sa paille : « *Comment tu t'appelles ?* » Tout-Roux a les yeux hors de la tête. « *Tu vois ma copine ? Tu lui plais.* » Dans la file, un étudiant rigole : « *Dans quel monde tu vis, bébé ? Tu ne vois pas qu'elle te drague ?* »

Tout-Roux bouscule les clients, fuyant à travers la cité. Là, derrière le terrain où il a appris à jouer au basket, il sent monter des larmes sans comprendre pourquoi.

Ismael et Ali, les gars du Merveilleux
25 novembre 2013

Quand Ismael a compris qu'il avait trouvé un emploi et qu'il serait assis dans un bureau, il a pensé : *« Waouh ! »* Puis il s'est demandé quel effet ça allait lui faire, à lui qui a *« toujours travaillé dans du physique »,* y compris ces fameux six mois comme agent de sécurité à l'aéroport de Roissy, le diamant de son CV. Ismael a failli réussir le bac. Il a décroché le permis de conduire. Du coup, il a hérité de la voiture de fonction de l'équipe, puis du téléphone portable *« parce que ça va ensemble »,* a estimé Ali.

Ali a été embauché le même jour qu'Ismael – le 2 avril exactement – et il est assis en face de lui dans le même bureau. Ali parle et bâille. Ali bâille et parle. Il dit : *« Au collège, ça me saoulait déjà de rester sur une chaise. »* Il n'y allait pas chaque jour, même pour la cantine que sa mère payait pourtant scrupuleusement. Cet après-midi, après huit mois en poste, Ali et Ismael vont participer à une réunion, pour la première fois de leur vie.

Ils ont 21 ans, ils ont été parmi les premiers à bénéficier du plan « Emploi d'avenir », qui propose des aides publiques alléchantes et fortement appuyées par les préfectures pour le recrutement de jeunes gens sans diplôme, notamment venus de quartiers sensibles et sujets à la discrimination. Dans ce cadre, l'office HLM de Seine-Saint-Denis a proposé une dizaine de postes, créés pour l'occasion : agents de médiation, 1 300 euros net.

Au siège de l'office, à Bobigny, Patrice Roques a reçu Ali et Ismael : *« Vous n'avez pas les qualifications pour entrer chez nous, mais si vous êtes débrouillards, vous finirez par avoir des CDI. »* Ali a pensé : *« Les HLM, c'est célèbre. Du temps passera avant que ça coule. Si ça se trouve, dans dix ans, je serai toujours là. »*

Cet après-midi donc, la réunion consiste à recevoir à l'office les habitants de l'immeuble « Le Merveilleux », à Dugny, dont le hall est saccagé tous les jours. Ali et Ismael connaissent bien le bâtiment : ils y font régulièrement du porte-à-porte pour *« tenter de réduire les dégradations »,* l'essentiel de leur travail jusqu'à présent.

Tous deux décident de retourner faire un tour au Merveilleux avant la réunion et Mimouna les regarde arriver, attendrie. *« Si je les voyais dans la rue, je penserais comme tout le monde : tiens, deux racailles. En fait, c'est des bosseurs. »* Mimouna s'occupe de l'antenne HLM du quartier, les habitants y parlent chaudières et fuites d'eau. Pour les vrais problèmes, ils préfèrent téléphoner, en évitant de donner leur nom. Dugny ressemble à ce que l'office HLM appelle une *« ville tenable »,* 6 000 habitants assez silencieux et donnant l'impression d'aller bien.

Pour Mimouna, comme pour Ali et Ismael, le problème (plutôt isolé ici) du Merveilleux tient à un groupe de gamins qui *« se croient forts parce que les locataires sont, en majorité, des retraités ».* Un tag flèche l'entrée du bâtiment : « Par ici, il y a tout ce qu'il faut, drogue et cul. » Plus loin, et en plus gros : « Obama, je veux la chatte de ta fille. » Un petit fume dans l'escalier au milieu de détritus et d'une poignante odeur d'urine. « *J'habite la cité Gagarine à Drancy, tu connais ? lui lance Ali. Viens voir nos halls. Chez nous aussi, certains mangent et fument, mais ils mettent tout dans des sacs-poubelles. Si tu veux cracher, fais-le dans la boîte de tes frites quand elle sera vide, pas par terre.* »

Un autre petit accoste Ali, avec une mine de comploteur. Ismael, lui, veut devenir « *propriétaire* », plus tard, comme son père « *qui a fui la cité* ».

À 15 heures, la réunion démarre à l'office aux cris de « *Donnez-moi un flingue que je m'en occupe* ». Le volontaire a 90 ans. Une dame explique qu'il y aurait, en réalité, deux groupes dans le hall, « *les mineurs l'après-midi et les dealers le soir* ». « *Pourquoi vous ne nous en avez pas parlé quand on a fait l'enquête chez vous ?* » dit Ismael, au désespoir.

Ali prend la parole. « *Tout à l'heure, un petit m'a, en effet, parlé de dealer, mais je ne suis pas une balance.* » Une employée de l'office rigole : « *Toi, tu as été formé à la cité : pas de noms.* »

Jusqu'à présent, Ali a toujours travaillé au noir, et surtout dans le bâtiment. Il raconte avoir aussi « *passé deux ans à dormir* » : « *Tu te réveilles, tu cherches les amis, mais tous sont à l'école ou au travail. Alors tu te recouches. Je me suis senti couler quand toute ma génération a eu son forfait téléphone, alors que j'étais toujours au taxiphone.* »

Quand les emplois d'avenir ont été lancés, « *on était curieux de voir qui les missions locales allaient nous envoyer* », se souvient Patrice Roques. Il a reçu 25 CV, dont la moitié n'est pas venue à la première réunion, plus cinq ou six autres qui n'avaient rien à faire là. À l'arrivée, Roques est ravi de la première sélection : Ali devrait suivre une formation de gardien d'immeuble et Ismael d'agent d'accueil. Il estime que la mesure « *n'a pas créé de postes mais changé l'ordre dans la file d'attente* ».

À Dugny, la réunion vient de se terminer. Ismael, qui a la voiture, raccompagne Ali, qui ne l'a pas. Un des agents HLM hausse les épaules. Il a 35 ans et l'impression d'avoir vu défiler ce genre de mesures depuis son enfance. Il n'a aucune idée de ce que sont devenus les précédents bénéficiaires à l'office, « *sauf un ex-emploi-jeune, toujours cité en exemple, devenu chef de délégation à Rosny-sous-Bois* ». Ismael et Ali rient. Eux veulent réussir, disent-ils. « *Avec un seul salaire, on a la tête tout juste hors de l'eau : je vais en chercher un deuxième* », triomphe Ismael. Et Ali : « *Toi aussi tu y as pensé ?* »

« Je dois sacrifier mon fils. Il ira à Pagnol »
2 décembre 2013

Et pourquoi pas Louvigny ? Le dimanche, on irait se promener en famille sur les rives de l'Orne et, la semaine, il ne faudrait pas plus de dix minutes à vélo pour arriver en plein centre de Caen. On ferait les courses au magasin bio du côté de la petite poste ou à l'hypermarché, ouvert même le dimanche. Le maire serait jeune, un voisin. Les enfants auraient des amis. Ils iraient à pied les uns chez les autres à travers le village.

C'est décidé : ce sera Louvigny. Ils ont acheté une maison ancienne, grâce à un emprunt conséquent. Dans le choix de cette vie-là, le collège pour Mattéo et Flora a lui aussi pesé de tout son poids. Il se trouve que la carte scolaire rattache les élèves de Louvigny à Lemière, un établissement du centre-ville de Caen. S'il fallait dessiner un collège tel que la mythologie française l'imagine, il ressemblerait sans doute à celui-là : le préau, les arbres, le fronton gravé d'un *« École des filles »* et la façade avec sa balafre, seyante et glorieuse comme une page du manuel d'histoire, tracée par les bombes pendant le débarquement en Normandie. Dans l'académie, on se bouscule pour y inscrire les enfants, à coups de stratégies et de dérogations. *« On était fiers d'y mettre Mattéo et Flora. »*

Cette année, l'annonce a été faite que Lemière fermerait à la rentrée 2014. Le bruit courait depuis quelque temps à cause de la démographie locale : trop de collèges pour une population qui s'érode. Une partie des enfants, notamment ceux de Louvigny, iraient désormais au collège Marcel-Pagnol.

Marcel-Pagnol ? Pagnol tranche sur Lemière, jusqu'à la caricature. Classé ZEP, il suscite peu d'enthousiasme, y compris à la Grâce-de-Dieu, quartier populaire de périphérie où il a été construit en même temps que les immeubles. En douze ans, le nombre des élèves a dégringolé de 536 à 287 inscrits.

Un samedi de novembre, se tient une réunion des parents d'élèves de Lemière pour évoquer « la situation ». Dehors, la pluie tombe, serrée, et l'Orne est en train de déborder.

« *C'est absurde : casser Lemière qui fonctionne si bien* », entame un père. Un autre le coupe, visiblement à cran : « *Nous, on n'en est plus là. Soit on prépare les choses, et on a une chance que nos enfants aient les bonnes options. Soit on se laisse porter, et on est morts. Les inscriptions dans le privé débutent en décembre : on y va.* »

« *Vous passez dans le privé ?* » s'émeut une mère. La salle se tourne vers elle. Regards apitoyés. On la rabroue : « *Réveillez-vous : c'est fini la guerre public-privé. Maintenant, c'est la bataille pour obtenir des places là où les enfants pourront réussir.* »

Une blonde prend la parole, consternée. Elle est agent administratif, sa fille vise le bac-pro infirmière, mais le lycée public sature. « *Je l'ai mise à Notre-Dame, qui va me coûter 132 euros par mois. Du coup, je dois sacrifier mon fils. Il ira à Pagnol.* » Le fils a supplié :

« *Tu ne pourrais pas faire des heures supplémentaires le week-end pour me payer Saint-Paul ?* »

L'ambiance reste calme mais on sent l'angoisse monter. Tout le monde parle en même temps. Une femme refuse de dévoiler sa stratégie : « *Si je vous donne mes trucs, il n'y aura peut-être plus de place pour le mien.*

— *Arrêtez de dramatiser : un enfant qui doit réussir le fera n'importe où.*

— *Moi, je vais dire ce qu'on sait tous : à Lemière, ils sont plus de 90 % à décrocher le brevet, contre 56 % à Pagnol.* »

Une section de chinois et une autre de théâtre ont été lancées pour amorcer une dynamique à Pagnol. Certains professeurs vivent mal l'image qu'on leur renvoie. Une mère de Lemière raconte avoir croisé l'un d'eux. « *Je lui ai dit : "Ne faites pas l'hypocrite avec vos histoires d'égalité. Je suis sûre que vous avez demandé votre mutation, comme tous vos collègues, et que vous n'y mettriez pas vos enfants."* »

Le père de Mattéo et Flora tranche : « *Mes enfants n'iront pas à Pagnol. Je viens d'Hérouville-Saint-Clair, on peut s'épanouir dans un collège difficile. Mais ils ne sont pas de ce quartier-là, pas prêts à affronter ça.* » Il y a un silence. Puis quelqu'un tousse : « *Ce ne n'est pas politiquement correct.* »

Alors, on se fâche, tous ensemble, un brouhaha qui ressemble à un sauve-qui-peut, où éclatent les indignations et les peurs. « *Ils veulent nous monter les uns contre les autres, faire croire qu'on est contre la mixité sociale.* »

Les chiffres recommencent à fuser. Le maire : « *On nous traite de bobos, mais Louvigny compte 27 % de logements sociaux.* »

Toutes les instances consultées ont voté contre la fermeture de Lemière, les municipalités de Caen et Louvigny, le conseil d'administration du collège et le conseil départemental de l'éducation nationale. Quelques-uns croient encore que rien n'est joué, certains parents et la majorité des enseignants de Lemière, très mobilisés. Il leur a été demandé de ne plus en parler en salle des professeurs.

Les années précédentes, deux collèges déjà ont fermé, situés en ZEP et désertés par les parents. *« Que se serait-il passé si j'avais choisi de liquider Pagnol ?* demande Jean-Léonce Dupont, président du conseil général (UDI). *On aurait dit : le méchant président s'attaque encore aux quartiers populaires et protège les plus favorisés. »*

Il aurait pu laisser la situation en l'état, il y a trois ans encore, pense-t-il. Aujourd'hui, non. *« Les départements traversent une tempête, le RSA explose. Je dois trouver 30 millions pour boucler mon budget 2014. Je n'ai pas le choix. »*

À Louvigny, des rumeurs de déménagements ont commencé à courir.

« Missions-michetons » et potion magique
9 décembre 2013

Le bus file à travers les rues de Lyon, à toute vitesse, leur semble-t-il. Elles s'étaient d'abord trompé de sens, elles ont insulté le chauffeur pour qu'il s'arrête à la minute où elles ont compris leur erreur et pas à l'arrêt suivant. Vanessa s'est approchée de lui, collant très près de la sienne sa figure large et rouge. On l'appelait « Face de pizza » au collège, toujours derrière son dos, bien sûr. Vanessa, 17 ans, 1 m 85, poids non déterminé, veille à sa réputation de guerrière. *« Tu ne vois pas que mes copines sont des stars ? Qu'elles ont des talons hauts et du maquillage ? Qu'elles ne veulent pas se faire trimballer n'importe où comme des Roms ? »* Elle crie tout en grimaçant, à la fois grotesque et glaçante, découvrant des dents courtes, comme limées, dont les deux de devant sont recouvertes d'or.

Elles sont quatre filles, mais trois en fait parce que Chouchou-Rose, la grande sœur de Ludivine, ne compte pas *« comme un temps plein dans le groupe »*, a décrété Vanessa. Chouchou-Rose fait des heures à « La Brioche délicieuse », ou plutôt elle en faisait avant de se faire virer il y a juste une heure. Les trois autres étaient passées la chercher et, en entrant, Vanessa a bousculé une cliente, de tout son poids, exprès bien sûr, même si elle jure que non. En tout cas, elle a tonné : *« Tu* m'as cognée, vieille peau ! » Le chef s'en est mêlé, la croissanterie était sens dessus dessous. « *Tu es de quel côté, avec nous ou contre nous ?* » a lancé Ludivine à Chouchou-Rose, figée derrière son comptoir, pendant que les deux autres la scrutaient en jubilant. Une fois que Chouchou-Rose a quitté son uniforme pour les suivre, Ludivine lui a expliqué le programme : « *On a rendez-vous à l'hôtel habituel, chambre 16, avec deux michetons pleins d'oseille.* » Ludivine aime se présenter comme la « *manageuse du groupe* ».

Toutes les quatre arrivent dans un petit square, toujours le même. « *Il nous reste une heure avant l'hôtel* », calcule Ophélie, en tripotant un piercing à son nombril, qui s'est remis à saigner. Son téléphone sonne. « *Bonjour mon mari* », elle claironne. C'est sa mère. « *Il faut qu'elle m'appelle tout le temps pour se rassurer.* » Elle est l'aînée de trois frères et sœurs. Aucun souvenir des pères. « *Je t'aime maman* », dit Ophélie en raccrochant. Puis elle annonce, avec son sourire ravissant : « *Cool, elle va me payer mon tatouage pour mes 17 ans.* »

Sur un banc du square, Vanessa étale comme un trésor le contenu d'un sac en papier siglé Guess : des joints déjà roulés, du Danao orange-banane-fraise et une grande bouteille pleine de vodka-Carambar, fabrication maison, le cocktail préféré du groupe. « *Pas de missions-michetons sans notre potion magique* », précise Vanessa. C'est leur rituel.

Elles ne parlent plus. Elles boivent et elles fument, elles fument et elles boivent, consciencieusement, sans s'arrêter. Sur l'écran du portable de Ludivine passe un dessin animé et le petit soleil de l'après-midi joue sur les parements dorés du survêtement de Vanessa, choisi pour s'assortir avec ses dents de devant. Elle a posé sa large tête rouge sur l'épaule d'Ophélie et grogne, soudain

tendre : « *Toi, tu sais, tu es mon associée.* » Ophélie
lui a promis qu'elle lui ferait des épilations gratuites,
plus tard, quand elle aura sa boutique d'esthéticienne.

« *Il va falloir y aller* », dit Ludivine. Chouchou-Rose
veut les attendre sur le banc. « *Tu nous lâches ! Au
collège, tu t'étais déjà abaissée à faire quelques pipes
gratuites* », s'emballe Vanessa, tout en lui pelotant
brutalement les seins. Ophélie renchérit, ton définitif
de l'arbitre des élégances : « *On le dit pour ton bien,
Chouchou-Rose : celles qui couchent pour rien se
dévalorisent elles-mêmes.* » Peut-être que les michetons
vont même leur payer le whisky à l'hôtel ? C'est arrivé
cet été. Une fois aussi, Ophélie leur a arraché une
invitation au restaurant japonais, un des faits d'arme
dont le groupe reste le plus fier. « *Et tu te rappelles
ceux qui avaient loué un étage entier de l'hôtel ? Il y
avait des filles qu'on ne connaissait pas, on ouvrait
les portes des chambres, on se croyait dans un vrai
porno sur Internet.* » Ce contact-là ne les a plus solli-
citées. « *On n'est pas assez pro, il paraît* », commente
Ophélie, soulagée et mortifiée tout à la fois.

Un portable sonne. « *Ils nous attendent* », dit Ludivine. Elle s'était engagée à ce qu'elles soient quatre
quand elle a négocié « *le gros lot* » pour deux heures :
deux téléphones, 150 euros « *en notes de frais, pour
le transport et la potion* », des fringues « *de marque* »,
mais on ne sait pas encore lesquelles. « *C'est notre
meilleur contact* », assure Ludivine : un copain de
copain rencontré à la rentrée dernière au lycée, quand
le groupe a débuté dans les « missions-michetons ».
Ludivine avait lancé la mode de « *s'interchanger les
mecs avec Ophélie, moyennant des cadeaux* ». Le reste
s'est enchaîné.

À l'Assemblée nationale, on leur a dit que les députés

219

ont débattu de la prostitution l'autre semaine. Ophélie s'offusque. « *Ce sont des esclaves chinoises ou russes, vendues et exploitées. Nous, c'est l'inverse : on profite des mecs, ils nous donnent plein de trucs, ils sont nos michetons.* » De toute façon, Ludivine fera un enfant l'année prochaine, sûr. « *Alors, je deviendrai une mère, quelqu'un de nouveau avec un statut et le reste n'existera plus.* »

Son portable n'arrête plus de sonner. Vanessa sourit de ses dents dorées : « *Bon, Chouchou-Rose, tu te crois dans quel DVD ? Viens avec nous, tu ne risques rien, je suis là.* » Ophélie la regarde en coin. « *N'oublie pas, à la fin, on aura chacune la récompense du groupe : un œuf Kinder avec la surprise dedans.* »

Et elles marchent toutes les quatre vers l'hôtel en se tenant par les épaules.

Kevin et Johan, amis d'« exil »
20 janvier 2014

Johan balance à bout de bras la bouteille de Coca qu'il vient d'acheter pour la soirée. Kevin annonce qu'il va faire des spaghettis. Des deux, c'est lui qui a travaillé dans la restauration. Puis il en a eu marre. Le RSA de Johan les fait vivre en ce moment. Il arrive que ce soit l'inverse. *« Bref, on est des amis. »*

L'été dernier, Johan et Kevin ont fait partie d'un petit groupe qui a transformé le foyer des jeunes travailleurs de Laon, où ils vivent, en un de ces lieux maudits d'Internet, une cible pour des réseaux extrémistes, où le centre était accusé de *« virer d'honnêtes Français pour loger des demandeurs d'asile »*.

Saturé de menaces, le standard a dû être suspendu, des inconnus sont venus en bande faire le salut hitlérien. Manuel Valls a suivi le dossier en personne. Avec d'autres, Johan et Kevin, 28 ans, ont été convoqués par les Renseignements généraux, suspectés d'appartenir à un *« groupuscule de néonazis »*.

Pour comprendre l'affaire, il faut revenir dans une autre résidence, celle du Bois-Charron, à la sortie de Laon, gérée par la même association « Accueil et Promotion ». Au milieu d'un horizon de labours, six petits bâtiments sont plantés sur des pelouses où vivent *« une centaine de personnes avec des difficultés diverses »*, dit

Francis Desnoyelle, son directeur. Sur le site, cohabitent ainsi paisiblement des mères seules avec enfants, des demandeurs d'asile, des personnes en insertion ou des jeunes travailleurs, chacun dans un immeuble séparé. « *Un fleuron du département en matière sociale* », s'émeut la préfecture de l'Aisne.

En mai 2013, l'équipe du Bois-Charron se livre à une gymnastique bien connue dans le monde social : réorganiser les lieux pour accueillir un public, toujours plus nombreux. Cette fois, il s'agit de gagner 30 places pour les demandeurs d'asile dans le cadre d'un plan national. On les installera donc dans le bâtiment des mères avec enfants, lesquelles déménageront dans celui des jeunes travailleurs, 12 en tout. Ceux-là partiront pour un autre foyer, au centre de Laon. « *Ça tombait bien : on avait depuis longtemps le projet de transférer les jeunes en ville, où c'est plus commode pour eux* », reprend le directeur. Johan dit avoir appris la nouvelle par un voisin. « *On faisait des soirées entre nous. On buvait. On regardait des séries. Tout allait bien et, d'un coup, on s'est sentis chassés.* » Johan a atterri au Bois-Charron voilà plusieurs années, au hasard d'un chemin, ou plutôt d'une impression de dégringolade, de boulot en boulot, de toit en toit, expulsé pour des embrouilles avec sa petite amie ou des dettes de loyer. Ses meilleurs souvenirs remontent au régiment de chasseurs à Verdun, engagé à 18 ans, un peu comme son père, un gendarme, ou même celui de Kevin, qui est militaire. Il claque la porte de la caserne. Puis le regrette. « *Tant pis.* »

Au foyer, il a de petites dettes, à nouveau. Kevin aussi. À Bois-Charron, on les garde. On les aide même. Cela arrive de plus en plus souvent, ici comme ailleurs : les animateurs socioculturels, chargés de ces résidences dans les années 1960, ont été remplacés par des éducateurs sociaux, et la notion de « jeune travailleur » englobe désormais ceux qui recherchent un emploi. De toute façon, ça explose de partout. En 2013, les services d'urgence sociale de l'Aisne ont enregistré 40 % de demandes en plus, un public tout neuf, effrayant, qui ressemble à des Kevin ou des Johan, et rend brutalement palpable une sorte de déchéance masculine : « *Ce sont en majorité des hommes jeunes, qui trouvent de plus en plus difficilement une place dans la société* », résume Emmanuel Sanchez, le responsable. Aucun moyen supplémentaire n'a été attribué.

Quand le réaménagement de Bois-Charron se confirme, Johan redoute d'être viré du foyer. Kevin croit être relogé dans un autre bâtiment, qui accueille aussi des étrangers en urgence, « *des gens qui répètent dans notre dos : "La France aux musulmans". C'est ce que disait la rumeur, en tout cas* ». Aujourd'hui, Kevin sait que c'est faux. À l'époque, oui, il en était sûr. « *De toute façon, nous, on a des loyers. Pour eux, c'est gratuit.* »

Quand un copain du foyer a proposé « *de ne pas se laisser faire* », tous deux ont suivi, avec 4 ou 5 autres. Le 29 juin 2013, la mère de Johan, qui travaille dans une mutuelle, se dépêche d'acheter *L'Union*, le quotidien local. Il y a la photo de son fils, sous le commentaire : « *Ils ont un mois pour quitter les lieux. Motif : faire de la place aux demandeurs d'asile.* » Aujourd'hui encore, l'article reste en tête sur le site du journal.

« *Comme on est blancs, avec une coupe courte, on nous a traités de racistes*, dit Johan. *Mais on n'a jamais fait d'actes ou de ratonnades. Les choses doivent se régler par la politique.* »

Avant, Johan votait Chirac. Maintenant FN, « *comme*

tous les jeunes de l'Aisne si les jeunes votaient. Mais rien ne changera, le FN ne passera jamais. Ce serait la guerre civile : les étrangers ne se laisseront pas faire et prendront les armes ». Kevin le coupe : *« Arrête, on avait dit qu'on n'en parlait plus : ils ont été corrects. »* Tous deux ont été relogés au centre-ville, comme les autres.

Ce soir, comme la plupart des autres soirs, Johan et Kevin regarderont *Plus belle la vie*, puis joueront à la console. À bien y réfléchir, ils ont l'impression de voir de moins en moins de copains.

Encore en pleine tourmente, Francis Desnoyelle, le directeur, se souvient d'avoir entendu à la radio une histoire de viande halal servie à la kermesse d'une maternelle. Il a pensé : *« Ça y est, c'est fini pour nous. Ça va être leur tour. »* Il a failli les appeler : *« Je viens de vivre le truc, je peux vous aider. »* Il n'a pas osé.

Dans la Thiérache, la fierté des mères ados
17 février 2014

Sa première visite dans les bourgades de la Thiérache l'a sidéré, *« un choc visuel »*, dit-il. Pourtant, Franck Audin est né ici, ou pas très loin, à Saint-Quentin, 40 km vers le Nord. Il a voyagé aussi, des missions humanitaires dans des contrées déchirées. Pourtant, dans ces rues de brique et d'ardoise, il ne parvient pas à détourner les yeux de ces filles, si jeunes, si nombreuses, la sortie de l'école, croirait-on, si chacune ne poussait un landau avec un bébé : la traversée d'un pays de gosses qui font des gosses. Bien sûr, Audin a la sale impression de basculer dans la caricature, lui qui fédère les centres sociaux de l'Aisne.

Déjà, la région de la Thiérache, collée à la frontière belge, se remet à peine d'avoir été baptisée « Chômeur-land », avec ses 17,9 % de sans-emploi. Et voilà les *« grossesses précoces »*, comme disent les institutions, deux fois plus nombreuses qu'ailleurs. Au début, on parlait de *« problème »*. On évite maintenant. *« Problème pour qui ? La plupart de ces jeunes filles disent désirer avoir un enfant »*, explique Véronique Thuez, infirmière et conseillère au rectorat d'Amiens.

Aujourd'hui, il n'est pas sûr que Miranda sera au rendez-vous du McDonald's d'Hirson, 9 000 habitants, une des grandes villes de la Thiérache. Miranda est devenue fière, paraît-il, elle préfère « le restaurant », c'est-à-dire le Flunch, de l'autre côté du parking. Les autres filles en rient, attablées dans le fond de la salle, un sachet de frites pour cinq et un hamburger pour les huit enfants. « Miranda est une intello, elle peut tout expliquer », dit l'une. Puis, soudain grave, elle agite un doigt d'institutrice : « Les mères sérieuses viennent ici, c'est éducatif. Manger un hamburger proprement, ça doit s'apprendre tout petit. » On acquiesce. « Il ne faut plus ne penser qu'à soi quand on a des enfants », raisonne sa voisine, lissant d'un ongle verni noir le drap de son petit.

Émeline est une des plus jeunes à avoir eu le sien, un garçon, à 14 ans. Ses parents ont encaissé, le papa l'a reconnu, le principal du collège l'a reçue, soucieux pour le brevet. « Le vrai conte de fées », commente la fille au vernis noir. En fait, elles étaient quatre au collège à accoucher cette année-là. Les autres ont abandonné l'école. « De toute façon, un diplôme, ça ne veut plus rien dire », proteste une autre, deux couettes nouées haut sur la tête, comme sa toute petite fille. Sa voisine hausse les épaules : « Même les patrons ne veulent plus nous prendre en CAP : on serait trop cher payées. » Son frère l'a déposée en mobylette avec le couffin, il y a peu de lignes de bus et encore moins de trains.

Au collège, tout le monde a trouvé « courageuses » les filles qui ont gardé leur bébé. On se rassemble autour d'elles, aux récréations, pour demander « si ça fait mal ». Une grande brune, avec un joli tatouage dans le cou, pince les lèvres, sévère : « L'avortement, c'est moins bien vu. » Elle en connaît une seule à l'avoir fait, « les médecins ont accepté de lui donner les cachets, mais lui ont passé une sacrée engueulade : ils n'aiment pas ça non plus ». Au lycée Dolto, les cours sur la contraception, entre autres, sont prisés. Quatre élèves sont enceintes, deux autres cherchent à l'être. *« Toutes sont rayonnantes »*, dit l'enseignante.

La porte du McDo s'ouvre, bourrasques de pluie et odeur de la campagne, toute proche. Une jeune fille et sa mère, portant deux nourrissons, se précipitent, ruisselantes après les 8 km à pied à travers les pâtures, l'herbe drue, la terre grasse à en manger et les villages qui s'y accrochent, avec leurs monuments aux morts plus haut que les clochers où se pâment, en statue, d'immenses soldats fourbus. L'accouchement des deux femmes s'est fait presque en même temps. *« J'avais dit à ma fille : "T'inquiète pas, je ferai ton baby-sitting. Un ou deux, ça ne fait pas plus de dérangement" »*, dit la mère, au milieu des félicitations. Miranda n'est toujours pas là et la grande au tatouage s'exaspère : *« Elle fait l'intéressante depuis qu'elle a eu les jumeaux. »*

On vide les porte-monnaie sur la table : y a-t-il assez pour d'autres frites ? À la protection maternelle et infantile, Mlle Couettes, 17 ans, a pris de haut les questions au sujet du père : *« On a droit à sa vie privée, comme les stars, pas vrai ? »* Elle compte vivre *« en famille »*. Avec le papa ? Ça rigole franchement par-dessus les frites. Non, Mlle Couette veut dire *« vivre avec [ses] parents à [elle] »*, une maison basse, plus loin dans les coteaux, où une publicité peinte sur le mur vante l'apéritif Dubonnet, comme de toute éternité. Le maire du village soupire. *« Pas évident de trouver le pourquoi de tout ça. »*

Kevin, le papa, vit à Hirson. Il râle de n'avoir rien choisi, ni le prénom ni même le nom. *« Elle a voulu mettre le sien. Ça me fout la rage. On a droit à rien. À quoi on sert ? »* Il vient de finir une formation de maçon, en commencera une autre de cuisine, la qua-

trième. « *Je prends tout ce qui passe, je suis battant.* »
Plus tard, il ne sait pas. Enfin si, peut-être, des enfants.

« *À une époque, les filles comme nous devaient se cacher, la honte* », reprend la brune au tatouage. Les autres écarquillent les yeux. « *Aujourd'hui, c'est l'inverse : on compte pour quelque chose quand on a un enfant.* » Elle a été étonnée de toucher de l'argent pour sa fille. « *Je savais qu'on en recevait, mais pas autant.* » Ce n'est pas la fortune, bien sûr, mais une « *sécurité* ». « *L'avenir* », s'enflamme sa voisine, remuant les draps de son fils comme on tisonne. « *Un enfant, c'est déjà ça, toujours quelque chose qu'on a* », dit-elle et sa voix part soudain dans les aigus, à la fois humble et triomphante.

La nuit est tombée. Miranda, 17 ans, trois enfants, ne viendra pas.

Talons hauts à Euralille
14 avril 2014

Une fille s'est assise par terre, d'autres l'entourent, formant un petit îlot au milieu des gens qui ont envahi, par centaines, le centre commercial Euralille, une file d'attente phénoménale qui démarre de l'esplanade en béton à l'extérieur, immobilise les escaliers mécaniques et bloque tout le premier étage. Aujourd'hui, Elite, l'agence de mannequins, organise un casting public, *« l'événement de l'année à Lille »*, promet la fille assise par terre. Elle l'a déjà fait en 2013. *« Je suis une ancienne »*, elle dit.

Les autres l'écoutent. *« On se met en ligne sur le podium et on défile une à une. À la fin, le jury dit le nom des filles qualifiées. Tous ceux qui font les magasins nous regardent. On a très peur. »* Une brune – jolies dents écartées, voulant être pharmacienne – demande d'une voix qui tremble : *« Comment ils choisissent ? »* L'ancienne prend un ton de pythie. *« Ils disent juste non et il faut partir. Pas d'explication. Cela dure même pas deux minutes et ton destin peut changer. »* Une blonde et blanche explique qu'elle va être choisie, tout le monde le lui a dit à Hazebrouck, *« même le docteur »*. Ça la tenaille, elle est venue en cachette. *« Est-ce que je le vaux ? »* Elle va avoir 14 ans dans quinze jours.

L'agence Elite aime Lille. *« On vient y chercher du brut »*, dit Céline. Un top model célèbre y a été découvert en 2006 et, l'an dernier, huit candidates avaient été choisies sur 377, pour la finale de tous les castings de France. Elite est la seule agence à se permettre ces opérations de masse. *« Les clients viennent chez nous chercher le jamais-vu. »*

À 14 heures, lorsque les inscriptions commencent, des dizaines de filles se mettent à se hisser sur des chaussures, extraites de sacs en plastique, pointures trop grandes ou trop petites mais avec des talons vertigineux, prêtées pour l'occasion. Puis elles se remettent à avancer en titubant. Valentine, non. Elle garde ses godillots noirs à lacets ; 1,81 m, 15 ans, rousse. On la remarque. *« Sa maman, déjà, avait le potentiel, mais elle ne s'est jamais lancée »*, glisse la grand-mère, qui tient le bras de Valentine. Maman, qui tient l'autre bras de Valentine : *« Moi, je n'ai pas eu cette chance. »* Elle conduit des engins dans le tunnel sous la Manche. Hier soir, Maman a regardé sur Internet les candidates choisies par Elite dans d'autres villes. Sourire : *« Valentine a cette couleur de cheveux si rare, elle a le potentiel. »* Pour ses 14 ans, la famille lui a offert un book.

Autour du podium, dans le centre commercial, le public se presse, compact, pour voir ces filles *« oser marcher toutes seules devant des juges »*, s'émeut une infirmière.

Les candidates attendent à nouveau. Anaïs, 14 ans, 1 m 78, se retrouve entre deux autres plus grandes qu'elle. Ça lui arrive pour la première fois. D'habitude, elle est « la perche », la seule, celle dont on se moque depuis la maternelle. Les autres ont dû vivre la même chose, Anaïs en a le sentiment confus, elle se sent enfin au milieu de ses semblables, les ridicules, les démesurées, à qui on va peut-être dire aujourd'hui qu'elles sont les plus belles.

Elles passent dix par dix dans une lumière blanche face aux trois membres du jury. *« Bonjour les filles »*, dit Victoria da Silva, qui dirige le casting. Pas un mot superflu, ni gentil ni méchant. Aucune recherche de mise en scène non plus. Certains conseillent régulièrement à l'agence d'ajouter des people à son jury. Refus : l'affaire est trop grave. On est dans le pro, le cash. Victoria da Silva continue au micro : *« Désolée les filles, dans ce groupe, nous n'avons sélectionné personne. Nous sommes très très ÉLITISTES. Dommage. »* Les suivantes sont déjà en place, une blonde garde la main sur le menton. *« Retire-la »*, dit Victoria. La blonde a des boutons. Elle est sélectionnée. Une mère filme sa fille : *« C'est une inconnue que j'ai devant moi. Je ne sais pas quoi espérer pour elle. »* Dans le public, une voix : *« Même les moches sont bien. »*

Le flot continue sur le podium, Félicie, Mélodie, Elisa, Salomé, une grande, des cheveux roses et des bras tatoués, Zoé, Hélène, Camille venue sans soutien-gorge, Mélissa, Aurore, Pénélope, qui tire la langue quand elle s'en va, Manon, tout en sueur, qui s'accroche à la main d'une métisse qu'elle ne connaît pas, Valentine, la grande rousse, qui réussit à ne pas pleurer en repartant. La musique du DJ joue fort, les membres du jury bougent la tête en rythme.

Leurs regards s'arrêtent sur une toute-rose, grain de beauté sur la joue. Ils la regardent. Elle le sait. Ils hésitent, c'est rare. La toute-rose risque un sourire. *« Non. »* Elles sont cinq élues au final, élancées, corps sans défaut, visage symétrique. Dans le jury, Alexis Louison calcule quel client pour quelle fille. *« Le but, c'est de leur donner du travail, n'est-ce pas ? »* Victoria est déçue. *« Rien d'époustouflant. »*

Et puis elle se lève, fonçant à travers la foule vers une mère et ses deux filles, pour en désigner une, la maigre, pas de poitrine encore, pommettes hautes, menton pointu, 13 ans, aimant les chips par-dessus tout. La mère pousse l'autre, yeux verts immenses, presque 18 ans : *« J'étais venue pour l'aînée. »* La petite se cache, bras battants, un oiseau. *« On va rater le train de 17 h 37 pour Béthune »*, tente la mère. Victoria a saisi l'oiseau : *« Je l'adore, je l'adore. »* La mère ne dit plus rien, elle pense à la famille qui l'a déjà rabrouée : *« Pourquoi tu mets les filles là-dedans ? C'est le showbiz, on n'y connaît rien. »* Victoria parle à la petite, doucement : *« On viendra te chercher dans deux ans. Tu vas t'y préparer. »*

Dans l'escalier mécanique, Victoria traîne sa valise à roulettes vers la gare. Elle n'a pas de doute sur ses choix, jamais.

« Bon anniversaire Narcissa, tu as 13 ans »
3 mars 2014

Narcissa colle des photos d'elle au-dessus de la cheminée. Sur le mur, elle a écrit « Love » avec un cœur. Elle voulait aussi écrire « Narcissa », mais la peinture manquait et l'inscription s'est arrêtée à « Narci ».

Narcissa a 13 ans. Aujourd'hui, elle fête son anniversaire ; des cousins et des amis sont invités, une vingtaine au moins. En attendant, la musique joue fort, un air entraînant où il est question d'une femme maltraitée par son amant. Narcissa reprend le refrain, accroupie par terre devant une bassine où elle s'est mise à laver toute la vaisselle de la famille : 12 verres dépareillés, quelques tasses, 4 assiettes, une poêle et une marmite. Il n'y a presque plus d'eau, il va falloir aller remplir le seau aux toilettes publiques dans le square, près des toboggans : on s'y rend au moins trois fois par jour. Rue Claude-Delaroa, à Saint-Étienne, en plein centre, l'immeuble n'a plus d'eau, plus d'électricité, plus de sanitaires, juste une carcasse dévastée et puante, où une cinquantaine de familles sont installées depuis sept mois sur un tapis d'ordures, y compris celles qu'ils jettent eux-mêmes. Narcissa s'inquiète : pourquoi ses invités n'arrivent pas ? Il est 15 heures.

Sa mère est sur le lit qu'elle partage avec Narcissa et sa sœur, les garçons dorment dans l'autre, près de la fenêtre. Quand il s'arrêtera de pleuvoir, la mère ira « *faire la manche* », c'est un des mots français qu'elle a appris en arrivant de Roumanie, avec « *nique ta mère* » dont elle use en guise d'interjection universelle. Il y a quelques jours, elle a convaincu Narcissa de tendre la main avec elle, devant la grande poste, un endroit exposé mais pas trop : Narcissa redoutait d'être vue par un camarade du collège. La mère secoue la tête en riant : « *Tu réfléchis comme une Française.* » Puis, très douce : « *Tu crois que je n'avais pas honte, moi aussi, au début ?* »

Si des enfants mendient, la police intervient, mais Narcissa devient grande, une jolie jeune fille, n'est-ce pas ? Regardez-la balayer la pièce, toute mince, tanguant sur ses derbies lacés haut, talons de 8 cm, ses premières chaussures qui ne sont pas des baskets. La mère les lui a offertes ce matin. Narcissa boude : « *Ça suffit de parler de la manche, c'est mon anniversaire.* »

L'immeuble commence à trembler, des coups violents comme si quelqu'un le démolissait à la masse. Chaque jour, les hommes désossent les boiseries et leur propre abri part peu à peu en fumée dans l'âtre de ceux qui – par chance – ont squatté une pièce avec cheminée.

On frappe à la porte. Tremblante d'excitation, Narcissa fait pivoter le clou qui retient l'abattant. Surgit Andra, une des petites filles du dessous, qui s'émerveille : « *Que c'est beau !* » devant le cœur peint sur le mur et les derbies à talons haut. Narcissa cache sa déception.

Andra redescend en trombe choisir un cadeau dans le trésor de sa famille, stocké sur un appui de fenêtre : des Apéricube écrasés, du rôti de veau farci sous plastique et déjà périmé, des viennoiseries de la veille, offertes par une boulangère, ou des lingettes et du shampoing, ramenés des Restos du cœur de Saint-Chamond. Cette antenne est la seule à ne pas donner que de la nourriture. La maman d'Andra s'y rend jalousement, veillant à ne pas donner l'adresse. Sinon, c'est pareil à chaque fois, les associations risquent de fermer d'un coup, répétant : *« Vous êtes trop nombreux, on est envahi. »*

Dans une autre maison abandonnée – il y en a eu plus d'une dizaine –, un voisin aidait la maman d'Andra. Il apportait des surprises à Noël, avait promis un appartement. Il s'appelait François, un garagiste, et parfois, ne repartait qu'à l'aube. Un jour, on ne l'a plus revu. *« Puis la police nous a dégagés et on est venus là »,* conclut Andra.

Il est 16 h 30. En haut, Narcissa cherche sa cousine préférée, qui n'arrive toujours pas. Au premier étage, deux sœurs jurent ne pas l'avoir vue. *« La France, c'est de la merde »,* dit l'une, dévisageant chaque visiteur comme le chat une souris. La découverte d'une cigarette, tombée au pied de la table à repasser qui sert pour manger, la radoucit brusquement. Quand les premiers Roms sont arrivés à Saint-Étienne, dix ans plus tôt, tout était facile, poursuit la sœur. Aujourd'hui, ils sont 300 environ et elle-même a fait venir sa cadette de Roumanie clandestinement. Celle-ci rigole : *« Elle s'est bien moquée de moi, je croyais qu'il y avait tout ici, appartement, boulot, allocations. »* L'aînée se défend : *« Je n'y arrivais pas toute seule, j'avais besoin de quelqu'un. »* Les sœurs voudraient faire des ménages, comme toutes les femmes de l'immeuble. Narcissa, non. Elle a 13 ans, elle se cabre : *« Je serai danseuse. »* Les sœurs philosophent : *« Quand une fille devient mère, elle doit bien commencer la manche. »*

En haut, la mère s'en va mendier. La place est libre devant l'hôtel de ville, signe de chance, pense-t-elle.

La plupart des gens s'arrêtent pour lui dire de chercher du travail. Elle crie : « *Prends-moi !* » Puis se rassoit. Elle pense que si elle gagne 1 euro, elle achètera du pain ; avec deux de plus, elle prendra aussi un sachet de saucisses. Si elle arrive à quatre, elle ajoutera du Coca et à 5, des bonbons. En trois heures, elle récolte rarement plus, mais la voilà soudain partie sur le rêve d'un gain délirant de 250 euros : un loyer d'appartement pour un mois ! Elle n'arrive pas à voir plus loin mais tout s'enchaînerait alors, elle en est sûre, sa tête dodeline, un sourire flotte, elle est si loin qu'elle n'entend pas la pièce de 20 centimes qu'on lui jette, la première.

Dans l'immeuble, la rumeur court que l'évacuation du squat pourrait avoir lieu vers le 10 mars. Les sœurs ont déjà acheté une carcasse de voiture, 150 euros, pour s'installer sur un parking. « *Il n'y a plus d'immeubles abandonnés.* »

Chez Narcissa, la cousine vient d'arriver, seule convive à être venue. Elle crie : « *Bon anniversaire, tu as 13 ans.* » Et Narcissa danse.

Table

RÉALISATION : NORD COMPO MULTIMÉDIA À VILLENEUVE-D'ASCQ
IMPRESSION : CPI BRODARD ET TAUPIN À LA FLÈCHE
DÉPÔT LÉGAL : OCTOBRE 2015. N° 129048 (3012125)
IMPRIMÉ EN FRANCE